DE

L'EMPLOI ET DU REMPLOI

EN RENTES SUR L'ÉTAT

COMMENTAIRE DE LA LOI DU 2 JUILLET 1862

SUIVI D'INSTRUCTIONS PRATIQUES

ET DE FORMULES DESTINÉES A FACILITER L'EMPLOI EN RENTES.

PAR

ALPHONSE LEFEBVRE

DOCTEUR EN DROIT

AVOCAT AU CONSEIL D'ÉTAT ET A LA COUR DE CASSATION

Rédacteur en chef du *Journal du Notariat*.

PARIS,

A L'ADMINISTRATION DU *JOURNAL DU NOTARIAT*,

Rue d'Argenteuil, 51.

—

1864.

PUBLICATIONS DE L'ADMINISTRATION DU JOURNAL DU NOTARIAT

51, Rue d'Argenteuil.

JOURNAL DU NOTARIAT

RECUEIL DE DOCTRINE ET DE JURISPRUDENCE

EN MATIÈRE DE DROIT, DE NOTARIAT ET D'ENREGISTREMENT

AVEC TABLE ANNUELLE

CONTENANT EN OUTRE :

Un Bulletin de *Notariat pratique*, du *Notariat à l'Étranger;* les *Actes officiels*, les *Circulaires ministérielles;* les *Nouvelles* et *Faits divers* de chaque jour; une *Variété* de sciences, d'art ou de littérature, et le *Cours moyen de la Bourse.*

Le Journal paraît le *mercredi* et le *samedi* de chaque semaine. Le dernier numéro de chaque mois est remplacé par un numéro du recueil mensuel : les *Archives du Notariat.*

ABONNEMENT :

Le Journal seul, un an,	**24** fr.	— Six mois, **14** fr.	— Trois mois, **8** fr.
Avec les Archives, »	**30**	— » **16**	— » **9**

DE L'EMPLOI

ET

DU REMPLOI EN RENTES

SUR L'ÉTAT.

DE

L'EMPLOI ET DU REMPLOI

EN RENTES SUR L'ÉTAT

COMMENTAIRE DE LA LOI DU 2 JUILLET 1862

SUIVI D'INSTRUCTIONS PRATIQUES

ET DE FORMULES DESTINÉES A FACILITER L'EMPLOI EN RENTES.

PAR

ALPHONSE LEFEBVRE

DOCTEUR EN DROIT

AVOCAT AU CONSEIL D'ÉTAT ET A LA COUR DE CASSATION

Rédacteur en chef du *Journal du Notariat.*

PARIS

A L'ADMINISTRATION DU *JOURNAL DU NOTARIAT,*

51, RUE D'ARGENTEUIL, 51.

1864

L'article 46 de la loi du 2 juillet 1862, qui autorise le placement en rentes sur l'État de toutes les sommes qui, d'après la loi, un jugement, un contrat ou un acte de libéralité, doivent être employées en immeubles, est appelé à rendre d'importants services. Mais on doit reconnaître cependant que les difficultés auxquelles donne lieu l'application de cette loi retardent les avantages qui résultent de la faculté nouvelle qu'elle accorde. Les décisions judiciaires intervenues jusqu'à ce jour, les jurisconsultes qui ont cherché à préciser la portée de la loi du 2 juillet 1862, ont, en effet, admis des interprétations différentes. Des questions délicates soulevées par l'application de cette loi aux cas divers dans lesquels il y a lieu à emploi, ont été fréquemment soumises au *Journal du Notariat.* Ce sont ces dissidences, ces difficultés réelles qui nous ont donné la pensée de nous occuper d'un commentaire de la loi du 2 juillet 1862.

Cette loi ne produira tous les résultats utiles qu'on est en droit d'en attendre qu'à compter du jour où elle sera appliquée d'une manière assez uniforme pour que les débiteurs ou les détenteurs des sommes dont il doit être fait emploi puissent facilement savoir dans quels cas ils n'engagent pas leur responsabilité, en consentant à ce que cet emploi soit réalisé en rentes, sans attendre qu'une décision judiciaire ait approuvé ce mode de placement.

DE

L'EMPLOI ET DU REMPLOI

EN RENTES SUR L'ÉTAT

COMMENTAIRE DE LA LOI DU 2 JUILLET 1862.

DIVISION

---

1. L'art. 46 de la loi du 2 juillet 1862, portant fixation du budget général des recettes et des dépenses de l'exercice 1863, est ainsi conçu :

« Les sommes dont le placement ou le remploi en » immeubles est prescrit ou autorisé par la loi, par un » jugement, par un contrat, ou par une disposition à » titre gratuit, entre vifs ou testamentaire, peuvent être » employées en rentes 3 p. 100 de la dette française, à » moins de clause contraire.

» Dans ce cas, et sur la réquisition des parties, l'im- » matricule de ces rentes au Grand-Livre de la dette » publique en indique l'affectation spéciale. »

Ce texte de loi, dont les dispositions paraissent au premier abord claires et précises, a déjà cependant donné naissance à de sérieuses controverses.

Les interprétations admises par les jurisconsultes qui ont cherché à fixer le sens de la loi nouvelle, et par les décisions judiciaires qui en ont fait l'application, diffèrent essentiellement.

Pour résoudre la plupart des questions qui ont été soulevées, il importe d'abord de bien préciser l'état de la législation, de la jurisprudence et de la doctrine, au moment où la loi du 2 juillet 1862 est intervenue. Il est nécessaire de connaître toutes les difficultés auxquelles avait déjà donné naissance la prétention, souvent émise, de réaliser l'emploi ou le remploi de la dot au moyen de l'acquisition de rentes sur l'Etat. Il faut savoir si, avant la loi nouvelle, les rentes pouvaient, dans certains cas, servir d'emploi à des sommes destinées à être placées en propriétés immobilières, ou si ce mode d'emploi était, au contraire, prohibé d'une manière absolue. Il est également utile de passer en revue les hypothèses diverses dans lesquelles pouvait se présenter la question de la validité de l'emploi en rentes des sommes qui, d'après la loi, un jugement, un contrat ou un acte de libéralité, devaient être l'objet d'un placement en immeubles, et d'indiquer comment ces difficultés avaient été jusqu'à présent résolues. Ce n'est, en effet, qu'au moyen d'une étude complète de la législation, que la loi du 2 juillet 1862 est venue modifier, qu'il est possible de bien comprendre cette loi et d'en déterminer la portée.

C'est surtout lorsque la nécessité d'un emploi en immeubles résulte d'un jugement, d'un contrat ou d'un acte de libéralité antérieurs à la promulgation de la loi du 2 juillet 1862, que l'application de l'art. 46 de cette loi présente des difficultés extrêmement sérieuses. L'étude de la législation sous l'empire de laquelle les actes sont intervenus est indispensable pour chercher la solution des questions de cette nature.

Nous diviserons donc notre travail en trois parties.

La première sera consacrée à l'examen de la législation, de la jurisprudence et de la doctrine antérieures à la loi du 2 juillet 1862.

La seconde aura exclusivement pour objet l'étude du nouvel état de choses créé par cette loi.

La troisième contiendra des instructions pratiques et des formules destinées à faciliter l'emploi en rentes.

2. Les deux observations suivantes sont applicables aux discussions contenues dans chacune de ces trois parties.

Dans notre travail, nous nous occupons de l'*emploi* et du *remploi*.

L'*emploi* est l'action de placer en acquisition de biens mobiliers ou immobiliers des sommes dont le détenteur est tenu, en vertu de la loi ou d'une convention, d'opérer le placement.

Le *remploi* consiste dans l'emploi du prix d'une chose aliénée, au moyen de l'acquisition d'une autre chose qui vient prendre la place de la première.

Il est bien entendu que le mot *remploi* ne s'applique

pas uniquement à l'emploi du prix d'immeubles. Au point de vue où nous nous placerons, cette expression doit comprendre toute acquisition d'une chose mobilière ou immobilière, avec le prix provenant de l'aliénation d'une autre chose mobilière ou immobilière, dont elle vient prendre la place.

Lorsque nous nous servirons du mot *emploi* ce sera souvent dans un sens général, et il s'appliquera alors également au remploi. C'est seulement lorsqu'il s'agira spécialement du remploi que nous nous servirons de cette expression. Toutes les fois, du reste, qu'il y aura lieu d'établir une distinction entre ces deux opérations, nous aurons soin de l'indiquer.

3. La nécessité de faire un emploi peut résulter, ainsi que le constate la loi du 2 juillet 1862, de la loi, d'un jugement, d'un contrat ou d'un acte de libéralité entre vifs ou testamentaire.

C'est presque toujours, cependant, à l'occasion de l'emploi et du remploi des biens dotaux que la jurisprudence et la doctrine ont eu à se prononcer sur les questions qui font l'objet de cette étude. Mais les principes posés dans les décisions intervenues et les opinions émises par les auteurs seraient, pour la plupart, susceptibles d'une généralisation qui les rendrait applicables à toutes les hypothèses dans lesquelles il peut y avoir lieu à emploi. Les solutions admises, lorsque l'obligation de faire emploi de sommes dotales résulte de la loi ou d'un contrat de mariage, le seraient également dans les circonstances diverses où une obligation d'emploi a pu valablement être imposée dans un contrat, une donation, un testament ou un jugement. La dotalité des biens, sans doute, peut exercer une certaine influence sur les obligations imposées aux tiers-acquéreurs ; elle peut aussi avoir pour résultat de faire que l'inaliénabilité soit le droit commun ; mais, lorsqu'il s'agira seulement de savoir si tel emploi proposé satisfait aux conditions régulièrement imposées par une disposition obligatoire, il importera peu que la nécessité de l'emploi résulte du régime dotal, de toutes autres conventions matrimoniales, d'un contrat quelconque ou des conditions mises à une libérarité entre vifs ou testamentaire. Aussi, dans le cours de notre discussion, si nous sommes souvent obligé de nous placer, avec les arrêts et les auteurs que nous aurons l'occasion de citer, au point de vue du régime dotal, nous généraliserons tous les principes posés.

PREMIÈRE PARTIE.

---

§ Ier.

Division.

1. Pour résoudre les difficultés soulevées par l'interprétation et l'application de la loi du 2 juillet 1862, il importe d'étudier, à un triple point de vue, la législation, la jurisprudence et la doctrine antérieures à cette loi.

Il faut d'abord rechercher comment, en thèse générale, étaient appliquées les dispositions de la loi, des jugements, des contrats ou des actes de libéralité prescrivant un emploi, et spécifiant les biens qui devaient être affectés à cet emploi. Il est utile de savoir si les Tribunaux avaient été considérés comme investis d'un pouvoir discrétionnaire qui leur permettait de substituer aux biens spécifiés tout autre mode d'emploi qui, d'après le juge, aurait présenté les mêmes avantages. Cette question, en effet, à certains égards, domine toutes les autres : avant de déterminer le sens des différentes clauses qui accompagnent les stipulations d'emploi, il faut se demander comment ces clauses doivent être appliquées. Cette étude, d'ailleurs, présente un intérêt spécial, à raison d'une opinion qui s'est produite depuis la loi du 2 juillet 1862, qui a été consacrée par une décision judiciaire et qui attribuerait aux Tribunaux, pour la solution des difficultés de cette nature, un pouvoir discrétionnaire très-étendu (§ 2, nos 5 à 16).

Nous aurons, en second lieu, à examiner si les rentes sur l'Etat étaient susceptibles d'une immobilisation qui permettait de les affecter au placement des sommes dont l'emploi devait avoir lieu en immeubles (§ 3, nos 17 à 25).

Enfin nous passerons en revue les hypothèses diverses dans lesquelles il peut y avoir lieu à emploi, et nous nous demanderons dans quels cas le placement en rentes était considéré comme régulier par la jurisprudence et la doctrine antérieurement à la loi du 2 juillet 1862 (§§ 4 à 8, nos 26 à 55).

---

§ II.

Considérations sur l'application des dispositions de la loi, des jugements, des contrats ou des actes de libéralité prescrivant un emploi en biens d'une nature déterminée.

5. Dans ce §, nous nous placerons à un seul point de vue. Nous voulons qu'il soit bien constaté qu'antérieurement à la loi du 2 juillet 1862, les dispositions générales ou spéciales prescrivant un emploi en biens d'une nature déterminée étaient considérées comme rigoureusement obligatoires; que les juges ne pouvaient pas alors, ainsi qu'ils le pourraient maintenant, d'après un jugement récent du Tribunal civil de la Seine (1), substituer aux biens désignés un autre mode d'emploi qui leur paraîtrait présenter les mêmes avantages.

6. Les dispositions de la loi, des jugements ou des actes réglant les conditions d'un emploi et spécifiant les biens qui doivent être affectés à cet emploi, ne sont évidemment pas soumises à des règles particulières d'interprétation et d'application.

De là il faut conclure que, dans tous les cas où la loi, un jugement, un contrat ou un acte de libéralité entre vifs ou testamentaire, prescrivent un emploi et précisent les biens qui doivent être affectés à cet emploi, on ne peut, sans violer la loi, la chose jugée ou des stipulations obligatoires, réaliser l'emploi en biens d'une

(1) Voir 2me partie, § 4, nos 71 et suiv.)

nature différente, en se fondant sur l'égalité des avantages présentés par l'un et l'autre mode de placement. Les parties tenues de réaliser l'emploi sont obligées de se conformer aux conditions qui leur sont imposées, et elles ne peuvent se faire affranchir par les Tribunaux de la nécessité de les exécuter. Le juge est lié comme les parties elles-mêmes. Les Tribunaux n'ont point, à cet égard, un pouvoir exceptionnel ; ils n'ont pas le droit, en présence d'une clause formelle précisant les biens qui doivent servir d'emploi, dans un cas déterminé, de la modifier, en permettant de l'exécuter au moyen de l'acquisition de choses différentes, mais qu'ils considéreraient comme des équivalents.

Les avantages respectivement offerts par les divers modes de placement proposés pourront, sans doute, être pris en considération par le juge, mais uniquement lorsqu'il s'agira de rechercher l'intention des parties et comme moyen d'interprétation. Toutes les fois que la volonté d'exiger un mode d'emploi sera clairement manifestée, aucun autre emploi ne devra être admis, alors même que, d'après le juge, il présenterait autant d'avantages que celui prescrit.

L'art. 1067 C. Nap., dans un cas spécial d'emploi, celui de deniers grevés de substitution, a posé cette règle que « l'emploi sera fait conformément à ce qui aura été » ordonné par l'auteur de la disposition, s'il a désigné » la nature des effets dans lesquels l'emploi doit être » fait. » Cette disposition, qui n'est qu'une application du principe de l'art. 1134 C. Nap., doit être généralisée.

7. On a prétendu que l'art. 13 de la loi du 3 mai 1841, sur l'expropriation pour cause d'utilité publique, accordait aux Tribunaux un pouvoir discrétionnaire qui leur permettait d'ordonner, pour la conservation des biens dotaux, les mesures qu'ils jugeraient utiles, et, spécialement, d'autoriser le mode d'emploi qui leur paraîtrait avantageux, alors même qu'il ne serait pas conforme à celui imposé par le contrat de mariage. Ainsi, l'emploi d'une indemnité d'expropriation pourrait, avec la permission du juge, s'effectuer au moyen de l'acquisition de valeurs mobilières, bien que le contrat eût prescrit un remploi en immeubles.

Il ne serait pas exact de soutenir que la loi du 3 mai 1841 a conféré aux juges le droit de ne pas tenir compte des clauses des contrats de mariage qui spécifient la nature des biens devant être affectés à un emploi. Si les Tribunaux, lorsque les immeubles expropriés appartiennent à des incapables, notamment à des femmes mariées, peuvent ordonner les mesures de conservation et de remploi qu'ils croient nécessaires, ils ne sont pas, bien entendu, dispensés de se conformer aux dispositions des contrats de mariage. Avant de se demander quelles sont les mesures qu'il peut être utile de prendre dans l'intérêt de la conservation de la dot, ils doivent rechercher si ces précautions ne sont pas indiquées dans le contrat lui-même.

Les décisions de la Chambre du conseil du Tribunal de la Seine, qui ont autorisé des femmes mariées à employer en rentes des indemnités d'expropriation, dans le cas où les contrats de mariage exigeaient que le remploi des biens dotaux eût lieu en immeubles, ont soin d'établir que les sommes à placer étaient trop faibles pour être affectées à un achat d'immeubles (7 mai et 6 août 1853 ; Bertin, *Ch. du conseil*, *II*, p. 331).

Ni la loi du 3 mai 1841 ni aucune autre loi n'ont conféré aux Tribunaux le pouvoir de substituer leur appréciation à la volonté des parties, manifestée soit dans leurs conventions matrimoniales, soit dans un acte d'une autre nature.

8. Si, d'ailleurs, on reconnaissait aux juges un pouvoir discrétionnaire leur permettant de substituer des équivalents au mode d'emploi régulièrement prescrit, on s'engagerait dans une voie dangereuse. Un Tribunal, par exemple, en présence d'un contrat de mariage ou d'un testament prescrivant que des fonds seraient employés en immeubles, déclarera valable l'emploi fait en rentes. Un autre autorisera l'acquisition de valeurs mobilières qu'il considérera comme offrant autant de garanties que des immeubles ou de la rente, ou bien acceptera des placements hypothécaires. Le mode d'emploi approuvé dans le ressort d'une Cour pourra ne pas l'être dans le ressort voisin. Dès l'instant, en effet, qu'il sera permis de se soustraire à l'exécution rigoureuse du contrat, il est impossible de prévoir où s'arrêtera l'assimilation aux immeubles de toutes les valeurs offertes pour réaliser l'emploi. On conçoit combien cette diversité dans la jurisprudence amènerait d'incertitude et de contestations. Il faut poser une règle générale. Or, la

seule qui soit conforme à la loi, c'est que les dispositions qui ont valablement imposé l'obligation d'employer des fonds d'une manière déterminée doivent être excutées, et que les valeurs spécifiées peuvent seules être acceptées.

Les juges, bien entendu, sont investis, dans ces matières comme dans toutes les autres, d'un certain pouvoir d'appréciation. Lorsque les dispositions relatives à l'emploi seront obscures ou contradictoires et qu'elles seront contenues dans un contrat ou dans un acte dont l'interprétation leur appartient, les Tribunaux pourront rechercher l'intention des parties et fixer d'une manière souveraine le sens des clauses ambiguës. Mais c'est là, nous le répétons, une faculté de droit commun, qui n'est pas étendue au delà de ses limites ordinaires lorsque les actes dont il s'agit règlent les conditions d'un emploi.

9. Les Tribunaux n'ont jamais, à notre connaissance, antérieurement à la loi du 2 juillet 1862, revendiqué le droit de substituer à l'emploi prescrit par la loi un jugement, un contrat ou un acte de libéralité, un autre emploi qui leur paraîtrait présenter d'aussi grands avantages. La Cour de cassation, d'ailleurs, n'eût pas maintenu des décisions dans lesquelles les juges se fussent reconnu un semblable pouvoir.

On a vu cependant la Cour de cassation, dans un arrêt encore récent, déclarer qu'elle n'avait pas le droit de réviser la décision d'une Cour impériale qui avait été appelée à apprécier si un emploi était ou non conforme aux stipulations d'un contrat de mariage. Mais cet arrêt se borne à faire à un cas spécial l'application des principes généraux qui servent à déterminer la part du pouvoir souverain d'interprétation des conventions appartenant aux juges du fait, et du droit de révison conféré à la Cour suprême. C'est ce qui résulte, on va le voir, du rapprochement de l'arrêt qui était déféré à la Cour de cassation et des motifs donnés pour justifier le rejet du pourvoi.

Par leur contrat de mariage, en date du 18 février 1829, les époux G... avaient adopté le régime dotal, et il avait été convenu qu'il serait fait emploi du prix provenant de l'aliénation des biens dotaux, en acquisition d'immeubles, qui devraient rester propres dotaux à la future. Un jugement de séparation de corps, en date du 27 janvier 1836, avait autorisé la dame G... à reprendre la libre administration de ses biens, à la condition de ne retirer les capitaux dotaux qu'à la charge d'en faire emploi en acquisition d'immeubles de *bonne éviction*. La Cour de Nîmes, par arrêt du 20 avril 1857, décida que l'emploi ne pouvait valablement être effectué en actions de la Banque de France immobilisées. « Attendu, lit-on » dans les motifs, que, sans contester aux actions de la » Banque de France immobilisées le caractère d'inaliénabilité que doivent conserver les biens dotaux, ce » mode d'emploi serait entièrement contraire aux prescriptions du contrat de mariage, et ne constituerait pas, » d'ailleurs, un placement aussi solide et aussi avantageux que celui prescrit en immeubles de bonne éviction, par le jugement qui prononce la séparation de » corps. »

Un pourvoi fut formé contre cet arrêt, pour violation des art. 1134 C. Nap. et 7 du décret du 16 janvier 1808, en ce que l'arrêt attaqué avait refusé de considérer l'emploi de la dot fait en actions de la Banque de France immobilisées, comme constituant un emploi en immeubles. L'arrêt de rejet, du 22 février 1859, est ainsi conçu : « Attendu qu'interprétant le contrat de mariage des » époux G..., qui a prescrit l'emploi des biens dotaux en » acquisition d'immeubles, et le jugement de séparation » de corps, du 27 janvier 1836, qui a imposé pour con- » dition au retrait par la femme des capitaux dotaux, » la charge d'en faire emploi en immeubles de bonne » éviction, l'arrêt attaqué a décidé qu'un emploi en ac- » tions de la Banque de France immobilisées ne consti- » tuerait pas un placement conforme aux conventions » matrimoniales et au jugement susdaté ; — Attendu » que, loin de contester, en droit, aux actions de la » Banque de France immobilisées, la possibilité qu'elles » tiennent du décret du 16 janvier 1808, d'être investies » contractuellement d'un caractère d'inaliénabilité, la » Cour impériale de Nîmes a, au contraire, formellement » reconnu ce caractère ; mais qu'il lui appartenait » d'apprécier souverainement, en fait, si le placement » immobilier qu'on lui demandait d'autoriser aurait » suffisamment rempli les conditions résultant du con- » trat de mariage ; — qu'en se refusant, dans l'espèce, » à autoriser ce placement, l'arrêt a décidé, non une » question de droit, mais une question de fait, dont la » révision n'appartient pas à la Cour de cassation, et

» qu'on ne peut faire sortir de là aucune violation, ni de » l'art. 7 du décret du 16 janvier 1808, ni de l'art. 1134 » C. Nap.; — Rejette... » (S. 59, 1, 521; D. 59, 1, 117; J. Not., art. 16545.)

10. On remarquera d'abord que les demandeurs en cassation, soutenant que l'arrêt attaqué avait refusé d'admettre un mode d'emploi qui était cependant strictement conforme aux clauses du contrat de mariage, la Cour de cassation n'avait point à se demander si les Tribunaux étaient investis d'un pouvoir souverain leur permettant d'autoriser un emploi en valeurs autres que celles spécifiées dans les conventions matrimoniales, pourvu qu'elles constituassent un placement aussi avantageux. Mais de plus, rien dans les motifs de l'arrêt de rejet n'indique qu'un tel pouvoir ait été reconnu aux Tribunaux.

La Cour, pour motiver le rejet du pourvoi, ne se fonde nullement, en effet, sur cette constatation de l'arrêt attaqué que le placement en actions de la Banque ne serait pas aussi solide et aussi avantagenx que celui en immeubles de bonne éviction. Elle se borne à relever le motif tiré de ce que le mode d'emploi proposé serait contraire aux prescriptions du contrat de mariage, et reconnaît qu'une décision ainsi motivée repose sur une interprétation souveraine des dispositions de ce contrat qui échappe à sa censure. Il ne faut pas chercher autre chose dans l'arrêt de la Chambre civile. On ne saurait y trouver la reconnaissance d'un prétendu droit en vertu duquel les Tribunaux, lorsqu'ils auraient à se prononcer sur la validité d'un emploi, seraient moins enchaînés par les stipulations des contrats qu'ils ne le sont en toute autre matière.

Un arrêt du 9 juin 1841, également émané de la Chambre civile de la Cour de cassation, a, du reste, consacré le principe du respect des stipulations des contrats de mariage qui règlent les conditions d'un emploi, en jugeant qu'un remploi qui, d'après une clause expresse, devait avoir lieu au moyen d'un placement sur hypothèque, n'avait pu valablement s'effectuer en un placement avec privilége sur des valeurs mobilières. (S. 41, 1, 468; D. 41, 1, 257; J. Not., art. 11016.)

11. La Cour de Limoges, par un arrêt du 1er avril 1822, a très-nettement déclaré que les Tribunaux ne peuvent pas substituer au mode d'emploi prescrit par les parties un autre mode, même aussi avantageux. Cet arrêt est ainsi conçu : « Attendu, sur le moyen tiré de la » clause de remploi, qu'il résulte du contrat de mariage » des époux L..., sous la date du 4 janvier 1813, que » L... ne peut toucher les sommes appartenant à son » épouse, et notamment celle qui lui est due par Alexis » G..., son frère, qu'à la charge d'en faire emploi en » immeubles; qu'ainsi, jusqu'à ce qu'il ait acquis des » immeubles suffisants pour asseoir le remploi de cette » somme, il ne peut en poursuivre le paiement; que » cette clause doit être exécutée telle qu'elle a été convenue entre les parties, et qu'aucun autre mode de » paiement ne peut suppléer à son exécution rigoureuse, » quelque sûreté que ce mode présente, d'ailleurs, soit

» à la dame L..., soit au sieur G...; émendant, etc. » (D. v° *Cont. de mar.*, n° 3986.) — Un arrêt de la Cour de Rouen, du 17 février 1854, est très-formel dans le même sens (D. 54, 2, 127; JURISP. DU NOT. (1), art. 10858). — Voir aussi : Bordeaux, 19 mars 1828 (D. v° *Cont. de mar.*, n° 1457); Toulouse, 7 août 1833 (S. 34, 2, 587; D. *eod.* v°, n° 3989); Lyon, 17 avril 1854 (D. 56, 2, 128.)

Beaucoup d'autres arrêts décident, par application des mêmes principes, que, dans le cas où d'après un contrat de mariage, le remploi de la dot doit être effectué en immeubles, les placements hypothécaires ne constituent pas un remploi valable, quelque surs qu'ils puissent être. — Caen, 8 mai 1838 (S. 48, 2, 657; D. 40, 2, 13); Bordeaux, 30 avril 1844 (D. v° *Cont. de mar.*, n° 3989); Caen, 30 août 1848 (S. 49, 2, 223; D. 52, 2, 193; J. NOT., art. 13725); Caen, 30 avril 1849 (D. 52, 2, 193); Caen, 2 août 1851 (S. 52, 2, 182; D. 52, 2, 226); Tribunal de la Seine, Ch. du conseil, 30 avril 1852, 6 janvier 1853, 7 avril 1854. — Ces trois jugements sont rapportés par M. Bertin. (*Ch. du conseil*, II, p. 325.)

On lit dans le jugement du 30 avril 1852 : « Attendu » que parmi les remplois autorisés par le contrat de » mariage du comte de S... ne se trouve pas prévu le » remploi que les requérants sollicitent d'être autorisés » à faire; qu'il importe peu que le remploi proposé » présente des garanties suffisantes et réelles; que ce

(1) La jurisprudence du notariat est le recueil fondé en 1828 M. Rolland de Villargues.

» n'est point à ce point de vue que, sous le régime dotal, » les questions de remploi doivent être jugées; mais » que, dans l'examen et pour la solution de ces ques- » tions, le Tribunal ne peut qu'appliquer les disposi- » tions du contrat de mariage.

12. Les décisions judiciaires qui ont admis, ainsi qu'on le verra dans le § suivant, que des rentes sur l'Etat peuvent être affectées à l'emploi de la dot, ne reconnaissent pas pour cela que les clauses qui précisent la nature des biens destinés à servir d'emploi sont susceptibles d'être exécutées au moyen d'équivalents.

L'arrêt de la Cour de Paris, du 16 mars 1839, autorise l'emploi en rentes, sans discussion et en quelque sorte implicitement. Il est donc difficile de le rattacher à un système quelconque. (D. 39, 2, 115 ; J. Not., art. 10367.)

Un arrêt de la Cour de Caen, du 13 novembre 1847, reconnaît bien aux Tribunaux « un pouvoir discrétion- » naire qui leur permet d'accueillir le mode d'emploi » le plus avantageux pour la femme, et qui, tout en » offrant les garanties que donne la dotalité, procure le » plus de ressources à cette dernière ; » mais cet arrêt raisonne dans l'hypothèse où les époux, ayant adopté le régime dotal pur, aucune clause du contrat de mariage n'a prévu le cas d'emploi. Dans l'espèce, en effet, c'était uniquement par application de l'art. 1558 qu'il y avait lieu à emploi. (D. 49, 2, 240 ; S. 48, 2, 657 ; Jurisp. not., art. 8764.)

Un arrêt de la Cour de Riom, du 10 janvier 1856, se

fonde, pour admettre la validité de l'emploi en rentes, alors même qu'une clause du contrat de mariage exige qu'il soit réalisé en immeubles, sur la possibilité *d'immobiliser* les rentes. (S. 57, 2, 31; D. 57, 2, 79; J. Not., art. 16016.)

Enfin, un jugement du Tribunal de Bourgoin, du 3 mai 1862, qui a autorisé le remploi du prix d'un immeuble dotal en rentes sur l'Etat, les considère comme des *immeubles incorporels*. (*Journal du Notariat*, n° du 2 août.)

Les Cours ou les Tribunaux dont émanent ces décisions ne se sont donc pas reconnu le droit de substituer au mode d'emploi prescrit par un contrat de mariage un autre mode leur paraissant présenter d'aussi grands avantages.

13. Les auteurs qui admettent également la possibilité de faire emploi de la dot en acquisition de rentes ne se fondent pas non plus sur ce que les Tribunaux auraient été investis d'un pouvoir discrétionnaire qui leur permettrait de substituer à un emploi en immeubles un autre placement qui offrirait les mêmes garanties.

M. Troplong admet que les rentes peuvent servir au remploi du fonds dotal, parce qu'elles sont susceptibles d'immobilisation. « Mais quand ces valeurs ne » sont pas immobilisées, dit-il, elles ne sauraient servir » de remploi. On ne remplace pas un immeuble dotal » par un meuble. (*Contrat de mariage*, n° 3423.)

» Si le contrat de mariage, dit M. Benech, a déter-
» miné la nature et le caractère de l'emploi en achat
» d'héritages, et les stipulations que le contrat d'acqui-
» sition devra contenir, il faudra respecter religieuse-
» ment la loi que les futurs époux se sont imposée. » (*De l'Emploi et du Remploi*, n° 29.)

M. Marcadé (sur l'art. 1557 C. Nap.), tout en se prononçant pour la validité du remploi dotal en acquisition de rentes, pose d'abord cette règle fondamentale, « que le remploi doit être effectué de la manière précise » que le contrat indique. » Après avoir fait plusieurs applications de ce principe, cet auteur ajoute : « De
» même, le remploi qui serait exigé en fonds de terre se
» ferait d'une manière inefficace en maisons. Mais
» quand on aura seulement dit en immeubles, il faut
» dire avec MM. Benech et Troplong, et avec un arrêt
» de la Cour de Caen (30 mai 1838), que le remploi
» pourrait se faire, même en actions immobilisées de
» la Banque de France, ou en rentes sur l'Etat égale-
» ment immobilisées, *puisque légalement ce sont aussi*
» *des immeubles.* »

M. Mollot, juge au Tribunal de la Seine, dans une discussion publiée par la *Gazette des Tribunaux* du 23 juillet 1856, admet aussi, dans certains cas, la validité du remploi de la dot au moyen de l'acquisition de rentes sur l'Etat ; mais, loin de reconnaître qu'il soit possible de substituer au mode d'emploi prescrit par le contrat de mariage un emploi en d'autres valeurs présentant des avantages égaux, il proclame la nécessité de se conformer aux conventions matrimoniales. Son système peut se résumer ainsi :

Les rentes sur l'Etat remplacent valablement des immeubles dotaux lorsque ce mode d'emploi a été stipulé dans le contrat de mariage. Si les parties sont convenues que l'immeuble dotal sera remplacé par un immeuble corporel, maison ou terre, le remploi ne saurait avoir lieu en rentes sur l'Etat. Mais, en l'absence d'une clause insérée dans le contrat de mariage, il peut être fait emploi de la dot en rentes sur l'Etat, bien que ces rentes ne soient pas susceptibles d'une immobilisation proprement dite, et que la disposition d'un jugement portant que la rente fournie en remplacement sera inscrite au nom de la femme ne suffise pas pour immobiliser cette rente, dans le sens légal du mot. « Les rentes sur l'Etat, » dit M. Mollot, ayant été déclarées insaisissables en » capital et arrérages par les lois des 8 nivôse an VI et » 22 floréal an VII, soit dans l'intérêt des rentiers, soit » pour favoriser le crédit public et affranchir le Trésor » des entraves que des oppositions ou autres poursuites » auraient apportées dans sa comptabilité, la bonne » exécution de ces lois exceptionnelles devait répugner » par là même à ce que l'on conférât plus tard aux rentes la qualité d'immeubles qui aurait entraîné pour » le Trésor de tels embarras. » Mais après avoir ainsi reconnu que les rentes sur l'Etat ne peuvent pas être immobilisées, M. Mollot constate que rien ne s'oppose à ce que des rentes soient déclarées dotales et inaliénables, et il conclut en disant que l'emploi ou le remploi en rentes, présentant les mêmes avantages que s'ils étaient effectués en immeubles, doivent, dès lors, être acceptés.

Ainsi M. Mollot, tout en admettant à la fois que les stipulations du contrat de mariage doivent être strictement exécutées, et que les rentes sur l'Etat ne peuvent pas être immobilisées, décide cependant que le remploi du fonds dotal peut être fait en rentes ; mais c'est seulement lorsque les parties n'ont inséré dans le contrat aucune clause ayant trait au mode de remploi.

Nous approuvons complétement cette solution, lorsqu'il résultera du silence gardé par les parties qu'elles ont d'avance approuvé tout emploi en valeurs quelconques. Mais il peut arriver que, même dans le silence du contrat, il soit certain que l'emploi, dans la pensée des stipulants, doit être effectué en immeubles. C'est ce qui aura lieu précisément, ainsi que nous l'établirons plus loin, dans le cas que prévoit M. Mollot, c'est-à-dire lorsqu'il est procédé au *remploi* d'un *immeuble* dotal. Il faut reconnaître alors que cet immeuble ne peut être remplacé que par d'autres immeubles.

14. Les auteurs qui, contrairement à ceux que nous venons de citer, refusent de reconnaître la validité de l'emploi dotal effectué en rentes, décident tous qu'on ne peut pas substituer au mode d'emploi prescrit un autre mode présentant aux yeux des parties ou des juges les mêmes avantages.

MM. Rodière et Pont s'expriment ainsi : « La pre- » mière condition pour que l'emploi soit valablement

» fait, c'est qu'il le soit de la manière indiquée dans le » contrat de mariage. Si donc il a été dit que l'emploi » serait fait en immeubles d'une certaine nature, en » fonds de terre, par exemple, il ne pourrait l'être en » immeubles d'une nature différente ; s'il avait été dit, » au contraire, que l'emploi serait fait en l'achat d'un » fonds de commerce ou d'un office pour le mari, il » devrait l'être de cette manière et ne pourrait régulièrement être fait en immeubles, à moins qu'il n'apparût, des termes du contrat, que les parties avaient » entendu autoriser un nouveau mode de placement, » plutôt que restreindre les placements de droit commun. » (*Contrat de mariage*, t. II, n° 416.)

« En quelle sorte de biens, se demandent plus loin » les mêmes auteurs, le remploi doit-il avoir lieu? Si » le contrat de mariage contient sur ce point quelques » prévisions, c'est à ses termes qu'il faut s'en tenir. S'il » autorisait, par exemple, à vendre des immeubles à » charge de remploi en autres immeubles ou en rentes » sur l'Etat, ce dernier mode de remploi serait évidemment valable ; comme aussi, à l'inverse, s'il était dit » que le remploi ne pourrait être fait en maisons ou » usines, mais seulement en fonds de terre, ce dernier » mode de remploi serait seul valable. » (T. II, n° 554.)

MM. Dalloz se posent cette question : En quels biens le remploi doit-il être fait ? et répondent : « Avant tout, il » faut se conformer aux conditions stipulées à cet égard » dans le contrat de mariage. » (V° *Contrat de Mariage*, n° 3984.)

15. Nous ne multiplierons pas davantage les citations. Si nous avons beaucoup insisté sur ce point, c'est qu'on a prétendu que la loi du 2 juillet 1862 avait investi les Tribunaux d'un pouvoir discrétionnaire qui n'a point été nettement défini, mais qui paraît très-étendu, et qui constituerait un droit analogue à celui que la jurisprudence et la doctrine, ainsi que nous venons de l'établir, leur ont toujours dénié. (V. *Inf.*, 2e partie, § 4, nos 71 et suiv.)

Nous démontrerons que la loi du 2 juillet 1862 ne doit pas être interprétée ainsi ; mais nous avons voulu bien établir d'abord que le pouvoir revendiqué récemment pour les Tribunaux n'aurait aucune racine dans la législation antérieure à la loi nouvelle.

16. Ceci étant posé que dans tous les cas où la loi, un jugement, un contrat ou un acte de libéralité précisent les biens qui doivent être affectés à un emploi, il n'appartient pas aux juges d'autoriser la réalisation de cet emploi en biens d'une autre nature, on doit en conclure que si les rentes sur l'Etat n'étaient point susceptibles d'immobilisation, elles ne pouvaient pas être acceptées à titre d'emploi des sommes destinées à être placées en immeubles.

Nous reconnaissons que l'immobilisation des rentes frappées d'une cause légale d'indisponibilité, des rentes dotales, par exemple, ajouterait peu aux garanties qui résultent déjà de cette indisponibilité, mentionnée dans l'immatricule de la rente ; mais nous venons d'établir que, pour apprécier la régularité d'un emploi, il ne faut pas seulement tenir compte des avantages du placement proposé. On doit, avant tout, exiger un emploi conforme aux prescriptions de la loi, du jugement, du contrat ou de l'acte qui l'ont rendu nécessaire.

Il est donc important de savoir si les rentes sur l'Etat pouvaient être immobilisées. C'est ce que nous examinerons dans le § suivant.

---

§ III.

Les rentes sur l'Etat étaient-elles, antérieurement à la loi du 2 juillet 1862, susceptibles d'une immobilisation permettant de les affecter à l'emploi de sommes dont la loi, un jugement, un contrat, ou un acte de libéralité entre vifs ou testamentaire, prescrivaient l'emploi en immeubles ?

17. Des décisions judiciaires et un certain nombre d'auteurs ont admis que les sommes appartenant à une femme mariée sous le régime dotal, et qui, d'après la loi ou les clauses du contrat de mariage, devaient être employées en achat d'immeubles, pouvaient être placées en immeubles fictifs, tels que des actions de la Banque de France ou des rentes sur l'Etat *immobilisées*. C'est reconnaître que les rentes sur l'Etat sont susceptibles de recevoir l'immobilisation, sinon d'une manière absolue, au moins pour le cas spécial où elles sont affectées à l'emploi de la dot.

Mais toutes les décisions qui ont admis la validité du remploi dotal effectué au moyen de l'acquisition de rentes sur l'Etat ne reconnaissent pas pour cela, ainsi qu'on l'a vu dans le § précédent, que ces rentes peuvent recevoir l'immobilisation. Ces décisions sont les suivantes : Paris, 16 mars 1839 (D. 39, 2, 115; J. Not., art. 10367); Caen, 13 novembre 1847 (S. 48, 2, 657; D. 49, 2, 240 ; Jurisp. not., art. 8764) ; Riom, 10 janvier 1856 (S. 57, 2, 31 ; D. 57, 2, 79 ; J. Not., art. 16016); Tribunal de Bourgoin, 3 mai 1862; *Journal du Notariat*, n° du 2 août 1862 (1). Or, parmi ces décisions, on ne peut citer que l'arrêt de la Cour de Riom et le jugement du Tribunal de Bourgoin qui se soient fondés, pour décider que l'emploi dotal pouvait être effectué en rentes, sur la possibilité de leur conférer l'immobilisation. Nous appelons spécialement l'attention sur l'arrêt de la Cour de Riom, qui peut être considéré comme la seule décision émanée d'une Cour impériale qui ait nettement déclaré que les rentes sur l'Etat étaient susceptibles d'immobilisation. Cet arrêt est ainsi conçu :

« Attendu que, d'après l'art. 7 du décret du 16 janvier 1808, les actions de la Banque peuvent être immobilisées par une déclaration des actionnaires, faite dans la forme prescrite pour les transferts ; qu'en ce qui concerne les rentes sur l'Etat, elles peuvent aussi être immobilisées comme les actions de la Banque de France que l'art. 2 du décret du 1er mars 1808 sur les majorats déclare que les rentes sur l'Etat, comme les actions de la Banque de France, peuvent être immobilisées ; que les rentes peuvent être immobilisées, suivant l'art. 3 du même décret, par la déclaration des propriétaires faite dans les mêmes formes que pour les transferts de rentes ; *qu'il suit de ces dispo-*

(1) Il résulte de l'exposé de motifs de la proposition faite en 1859 au Corps législatif, d'insérer dans la loi portant fixation du budget de 1860 une disposition analogue à celle de l'art. 46 de la loi du 2 juillet 1862, que la Cour de Caen, par arrêt du 20 novembre 1826, aurait décidé que le remploi de sommes dotales pouvait être fait en rentes sur l'Etat ; mais nous n'avons trouvé cet arrêt dans aucun recueil.

» *sitions que les rentes sur l'Etat sont de nature à être* » *immobilisées* ; que, par conséquent, le remploi du » prix d'un immeuble dotal peut valablement être fait » en rentes sur l'Etat, déclarées immobilisées par ceux » qui sont chargés de faire le remploi ; que cette inter- » prétation des articles 2 et 3 du décret du 1er mars » 1808, *qui généralise la faculté d'immobiliser les* » *rentes sur l'Etat*, *résulte de l'ordonnance* du 29 avril » 1831, qui, après avoir établi que les propriétaires de » rentes nominatives peuvent en demander la conver- » sion en rentes au porteur, déclare, dans son art. 9, » que cette conversion ne sera pas admise par le Trésor » public pour toutes les inscriptions qui représentent » les fonds des majorats constitués, ceux qui auront été » produits par la vente des biens avec charge de rem- » ploi, qui proviendront de constitutions dotales, et » pour toutes les inscriptions de rentes frappées d'une » cause légale quelconque d'immobilisation momenta- » née, à l'égard desquelles les règlements en vigueur » continueront à être exécutés. »

Dans la doctrine, on a vu que MM. Troplong (*Cont. de mar.*, n° 3423), Marcadé (sur l'art. 1557), admettent la possibilité d'immobiliser les rentes en décidant qu'elles peuvent être affectées à l'emploi de sommes dotales, lorsqu'elles ont été *immobilisées*.

Nous ne saurions partager cette opinion, qui a été repoussée, du reste, par le plus grand nombre des décisions judiciaires et des auteurs.

18. Il faut remarquer que ce n'est pas uniquement lorsque des rentes sur l'Etat sont affectées de dotalité que, d'après l'arrêt de la Cour de Riom, elles seraient susceptibles d'être immobilisées; c'est dans tous les cas prévus par l'ordonnance du 29 avril 1831, c'est-à-dire dans tous les cas où des rentes sont frappées d'indisponibilité. Ce système, du reste, est logique, et il n'existait aucune raison de distinguer entre les rentes dotales et les autres rentes inaliénables ou dont l'aliénation est subordonnée à certaines conditions. La dotalité, en effet, a seulement pour conséquence de mettre des obstacles à la faculté qui appartient à tout propriétaire de disposer de ses biens. Or, si le droit de disposer d'une inscription de rente, au lieu d'être entravé par le régime dotal, l'avait été par suite de toute autre stipulation également permise, pourquoi n'eût-on pas également accordé aux titulaires la faculté de lui conférer l'immobilisation ? On doit donc, pour être conséquent, admettre ou rejeter également, dans ces diverses hypothèses, la faculté d'immobiliser les rentes. C'est ce dernier parti qui, selon nous, doit être adopté.

Nous établirons :

1° Qu'aucune loi n'a permis aux titulaires de rentes dotales ou frappées de toute autre cause d'indisponibilité, de leur conférer l'immobilisation.

2° Qu'une telle faculté ne pouvait résulter que d'un texte de loi, et, qu'à défaut d'une disposition précise accordant aux propriétaires d'inscriptions le droit de les immobiliser, les rentes sont toujours meubles, malgré toutes stipulations contraires.

19. Les rentes sur l'Etat, aux termes de l'article 529 C. Nap., sont meubles par la détermination de la loi. Or, il n'existe que deux cas dans lesquels les rentes, dont le caractère mobilier est ainsi reconnu, aient été déclarées par des dispositions ayant force de loi, susceptibles d'immobilisation ou immobilisées de plein droit.

L'art. 1er du décret du 1er mars 1808, sur les majorats, est ainsi conçu : « Les rentes sur l'Etat et les actions de » la Banque de France pourront être admises dans la » formation d'un majorat, toutes les fois qu'elles auront » été *immobilisées*, savoir : les actions de la Banque en » la manière prescrite par l'art. 7 de notre décret du 16 » janvier dernier, et les rentes dans la forme prescrite » par les articles suivants. » (C'est une déclaration faite dans la même forme que pour les transferts.)

La seconde dérogation à la règle générale posée dans l'art. 529 C. Nap., résulte de la loi du 28 avril 1816, art. 109 :

« Les rentes acquises par la Caisse d'amortissement » au moyen : 1° des sommes affectées à la dotation ; » 2° des arrérages desdites sommes seront *immobilisées* et ne pourront, dans aucun cas et sous aucun » prétexte, être vendues ni mises en circulation sous » peine de faux et autres peines de droit contre tous vendeurs et acheteurs. » Cette disposition est reproduite textuellement dans l'ordonnance du 31 mai 1838, art. 197.

Ce sont là les seuls cas dans lesquels la loi permette l'immobilisation des rentes sur l'Etat.

20. On trouve, à la vérité, dans l'ordonnance du 29 avril 1831, relative à la conversion des rentes nominatives en rentes au porteur, qui est invoquée par l'arrêt de la Cour de Riom du 10 janvier 1856, le mot *immobilisation* s'appliquant à d'autres rentes que celles affectées à la constitution d'un majorat ou acquises par la Caisse d'amortissement. L'art. 9 de cette ordonnance est ainsi conçu : « La conversion de rentes nominatives en » rentes au porteur ne sera pas admise par le Trésor » public pour toutes les inscriptions qui représenteront » les fonds des cautionnements, des majorats, ceux des » établissements publics ou religieux, des caisses de » retraite, ceux qui auront été produits par la vente de » biens avec charge de remploi, ceux qui proviendront » de constitutions dotales, qui appartiendront à des » mineurs ou à des propriétaires absents, enfin, pour » toutes les rentes frappées d'une cause légale d'*immo-* » *bilisation* momentanée, à l'égard desquelles les règle- » ments en vigueur continueront à être exécutés. »

Mais il est certain d'abord que c'est là une simple ordonnance, qui ne pouvait pas modifier la législation antérieure, et qu'ensuite tel n'est pas le but que ses rédacteurs ont voulu atteindre. L'ordonnance du 29 avril 1831, ainsi que nous venons de le dire, n'a trait, en effet, qu'à la conversion des rentes nominatives en rentes au porteur ; elle n'a nullement pour objet de modifier la nature des rentes énumérées dans l'art. 9, qui ne s'en occupe qu'au point de vue de la conversion, et qui déclare *que les règlements en vigueur continueront à leur être appliqués*. Or, on ne peut soutenir que, sous l'empire des lois et des règlements qui ont précédé cette ordonnance, toutes les rentes représentant des sommes sujettes à remploi ou appartenant, soit à des établissements publics, soit à des incapables, étaient, par cela même, frappées d'immobilisation. Aussi faut-il reconnaître que ce dernier mot signifie simplement *indisponibilité*. Nous verrons tout à l'heure que plusieurs auteurs, pour désigner des rentes dont le titulaire ne peut pas disposer, les qualifient de rentes *immobilisées*, tout en admettant parfaitement que les rentes sur l'Etat, autres que celles faisant partie d'un majorat ou appartenant à la Caisse d'amortissement, ne sont pas susceptibles d'une véritable immobilisation.

Il n'est même pas certain que, dans l'art. 109 de la loi du 28 avril 1816, immobilisation signifie autre chose qu'indisponibilité. Mais c'est là une question sans intérêt pour la solution des difficultés que nous avons à résoudre. Ce qui était important à établir, c'est qu'aucun texte de loi n'a permis l'immobilisation des rentes sur l'Etat, hors les cas prévus par le décret du 1er mars 1808 et la loi du 28 avril 1816.

21. Ce premier point étant démontré, il ne peut plus s'élever de difficulté sérieuse. En l'absence d'un texte de loi leur accordant cette faculté, les titulaires d'inscriptions dotales ou frappées d'indisponibilité, qui voudraient les immobiliser, seraient réduits à soutenir que c'est là une faculté de droit commun ; que, pour tout propriétaire de rentes indisponibles, le droit de leur con-

férer l'immobilisation existe par cela seul qu'aucune loi ne le prohibe.

On remarquera que si cette théorie était exacte, il ne faudrait pas se borner à reconnaître seulement aux titulaires de rentes dotales ou indisponibles la faculté de les immobiliser. C'est, en effet, la volonté privée qui, en rendant inaliénables des rentes déjà acquises, ou en les affectant à l'emploi de sommes dont la libre disposition est interdite, permettrait l'immobilisation. Mais si un titulaire d'inscriptions avait un intérêt légitime quelconque à immobiliser des rentes qu'il ne pourrait ou ne voudrait pas rendre inaliénables, nous ne croyons pas qu'on serait fondé à lui refuser l'exercice d'un droit qui lui serait accordé si les rentes étaient frappées d'indisponibilité. Le principe de l'immobilisation dans ce système ne se trouverait pas dans l'inaliénabilité, qui peut exister sans que l'inscription soit immobilisée, mais dans la volonté de celui à qui appartient la rente. On devrait donc poser cette règle générale que les rentes sur l'Etat peuvent être immobilisées à la volonté de leurs titulaires. Or, une telle prétention serait évidemment insoutenable.

22. Les biens sont meubles ou immeubles par leur nature ou la détermination de la loi ; la volonté de l'homme est impuissante pour enlever aux choses le caractère qui leur a été ainsi imprimé par la nature ou qui leur a été reconnu par le législateur. Merlin a tout à la fois proclamé ce principe fondamental et fait son application aux rentes sur l'Etat, en déclarant qu'elles ne pouvaient être immobilisées au gré du titulaire de l'inscription :

« C'est de la nature ou de la loi, dit-il, que nos biens » tiennent leur qualité de meubles ou d'immeubles, et » la volonté de l'homme ne peut s'élever ni au-dessus » des règles invariables de la nature, ni au-dessus de » l'empire de la loi. Il ne dépend donc pas d'un proprié- » taire d'inscriptions de les immobiliser; meubles par » la détermination de la loi, elles restent telles, quelque » disposition que fasse au contraire celui à qui elles » appartiennent. » (Répertoire, v° *Inscription sur le* » *Grand-Livre*, § 3.)

La classification des choses en meubles et en immeubles ne pouvait, en effet, être abandonnée au libre arbitre de leur propriétaire. Les dispositions de la loi qui rangent les biens dans l'une ou l'autre de ces catégories doivent être considérées, à plusieurs égards, comme touchant à l'ordre public. Selon que leur nature est mobilière ou immobilière, les biens sont soumis à des lois différentes ; leur transmission ne s'opère pas de la même manière; ils ne peuvent être l'objet des mêmes stipulations ; les droits des créanciers ne s'exercent pas sur eux dans des conditions identiques; ils ne sont point atteints également par l'impôt. La faculté accordée à chacun d'enlever aux choses le caractère de meubles ou d'immeubles, qu'elles tiennent de leur nature ou de la loi, et de les soumettre ainsi, en ne tenant compte que de ses intérêts ou de son caprice, soit aux lois spéciales aux meubles, soit à celles applicables aux immeubles, jetterait, on le conçoit, la plus grande perturbation dans les transactions. Un tel droit compromettrait l'ordre établi par le législateur, qui s'est efforcé d'adapter les dispositions qu'il édictait à la nature des biens qu'elles étaient appelées à régir.

23. Ce qui est vrai pour tous les biens, en général, l'est plus encore pour les rentes sur l'État.

Toutes les stipulations qui auraient pour objet d'enlever aux rentes leur caractère de meubles seraient nécessairement incompatibles avec la législation qui, en organisant la dette publique et spécialement le système de conservation et de transmission des inscriptions, a toujours considéré les rentes comme constituant, sauf dans deux cas exceptionnels, des propriétés mobilières. Si les rentes étaient susceptibles d'immobilisation et pouvaient devenir des immeubles fictifs, elles seraient soumises, comme les actions de la Banque de France immobilisées, à toutes les lois qui régissent la propriété immobilière avec les seules différences qui résultent de l'insaisissabilité. Les rentes, bien qu'insaisissables, pouvant être données en nantissement parce qu'elles sont mobilières, devraient donc, si elles étaient immobilières, pouvoir être grevées d'hypothèques. Les conséquences des droits de cette nature n'ont été prévues ni par les lois ni par les règlements en vigueur aujourd'hui, puisque, dans les cas spéciaux où les rentes sur l'Etat sont immobilisables, elles sont frappées d'indisponibilité et ne peuvent pas être hypothéquées. L'immobilisation produirait encore d'autres conséquences qui seraient pour le Trésor une source de complications dans le service et de difficultés très-réelles.

Il faut, dès lors, reconnaître que la volonté du titulaire d'une inscription ne saurait lui conférer une immobilisation qui ne pourrait se concilier avec les lois ou, tout au moins, avec les règlements en vigueur aujourd'hui et avec une pratique toujours suivie.

La possibilité d'immobiliser les rentes dotales ou frappées d'indisponibilité ne peut donc s'appuyer ni sur un texte de loi, ni sur la faculté de droit commun en vertu de laquelle tout titulaire d'inscription pourrait l'immobiliser.

24. C'est en ce sens, du reste, que se sont prononcés le plus grand nombre des arrêts et des auteurs :

Toulouse, 19 mai 1824 (S. *Coll. nouv.*, vol. 7, 2, 366; D. v° *Cont. de mar.*, n° 3992; J. NOT., art. 4860 (1); Paris, 16 mars 1839 (D. 39, 2, 115; J. NOT., art. 10, 367); Caen, 8 mai 1838 (S. 48, 2, 657; D. 40, 2, 13); Tribunal de la Seine, Ch. du cons., 15 mai et 13 juillet 1852 (Bertin, Ch. du cons., t. II, p. 320 et 321); Rouen, 7 mai 1853 (S. 54, 2, 177; D. 53, 2, 215; JURISP. NOT., art. 10858); Rouen, 2 et 17 février 1854 (D. 54, 2, 127; JURISP. NOT., art. 10858); Angers, 6 juillet 1861; (S. 62, 2, 222).

Tous ces arrêts décident que le remploi de la dot ne peut point être fait en rentes sur l'Etat, parce qu'elles ne sont pas, pour ce cas spécial, susceptibles d'immobilisation. La décision eût, sans aucun doute, été la même

(1) Cet arrêt est indiqué dans le *Journal des notaires* comme ayant été rendu le 19 mars 1824.

s'il se fût agi de toutes autres sommes destinées à être employées en immeubles. Le principe qui sert de base à cette jurisprudence est, en effet, très-général. On lit notamment dans le plus récent de ces arrêts, celui de la Cour d'Angers : « Attendu que les rentes sur l'Etat ne » peuvent être immobilisées que dans des cas excep- » tionnels, autorisés par des lois spéciales, et ne sau- » raient, en dehors de ces cas exceptionnels, servir à un » remploi immobilier. »

C'est seulement par exception, et lorsque les sommes à employer sont trop minimes pour qu'il soit possible de les employer utilement en immeubles, que l'emploi en rentes a été parfois autorisé. Tribunal de la Seine, 7 mai et 6 août 1853. (Bertin, Ch. du cons., t. II, p. 331, v° sup., § 2, n° 7.)

Dans la doctrine, on peut citer : MM. Merlin (Rép., v° *Inscription sur le Grand-Livre*, § 3) ; Bellot des Minières (t. II, n°s 834 et 835) ; Dalloz (Rép., v° *Trésor public*, n° 1103 ; et v° *Contrat de mariage*, n° 3995) ; Dict. du Not. (v° *Remploi*, n° 119, 4e édit.) ; Rolland de Villargues (Rép. v° *Remploi entre époux*, n° 24) ; Rodière et Pont (*Contrat de mariage*, t. II, n° 554) ; Pont (*Droit* du 17 sep. 1856) ; Bertin (*Ch. du conseil*, n° 1087).

Dans plusieurs de ces ouvrages, le mot *immobilisée* a été quelquefois appliqué aux rentes dotales. (Dict. du Not. (v° *Inscrip. sur le Grand-Livre*, n° 58, et v° *Rentes sur l'Etat*, n°s 9 et suiv., 4e édit.; Rolland de Villargues (Rép., v° *Inscrip. sur le Grand-Livre*, n°s 43 et suiv., et *Rentes sur l'Etat*, n°s 8 et suiv.) Mais il ne faut pas

voir là une reconnaissance de la possibilité d'immobiliser les rentes sur l'Etat. Il est, au contraire, déclaré formellement que la volonté du titulaire d'une rente ne suffit pas pour opérer l'immobilisation. Cette dernière expression est employée par ces auteurs, ainsi qu'elle l'a été, du reste, dans l'ordonnance du 29 avril 1831, comme synonyme d'indisponibilité. C'est ce qu'expliquent parfaitement MM. Dalloz : « Les rentes sur l'Etat, disent-
» ils, peuvent être immobilisées, c'est-à-dire recevoir
» le caractère d'immeubles, mais seulement lorsqu'elles
» sont employées à la dotation d'un majorat. Mais les
» propriétaires de rentes sur l'Etat ne peuvent les im-
» mobiliser à leur gré, car c'est de la détermination de
» la loi qu'elles tiennent leur nature. Cependant on dit
» quelquefois que certaines rentes sur l'Etat qui sont
» inaliénables ou qui ne peuvent être aliénées que sur
» certaines formalités, comme les rentes appartenant à
» une femme dotale, à des communes ou à des établis-
» sements publics, sont immobilisées. Mais cela ne
» veut pas dire que ces rentes revêtent le caractère
» d'immeubles. On entend seulement par là que le pro-
» priétaire n'en peut pas disposer, qu'elles sont immo-
» bilisées entre ses mains. C'est là un défaut de notre
» langue, qui n'a qu'une expression pour rendre deux
» idées différentes. » (V° *Trésor public*, n° 1103.)

25. En résumé, antérieurement à la loi du 2 juillet 1862, les rentes sur l'Etat ne pouvaient être immobilisées que lorsqu'elles étaient affectées à la dotation d'un majorat ou acquises par la Caisse d'amortissement. Les

rentes dotales, ainsi que celles frappées à tout autre titre d'indisponibilité, n'étaient donc pas susceptibles de recevoir l'immobilisation.

Il avait été démontré, dans le § précédent, que l'emploi, pour être valable, devait être conforme aux prescriptions de la loi, du jugement, du contrat ou de l'acte qui l'ont rendu nécessaire; spécialement, qu'il ne pouvait être effectué en meubles, alors même que leur possession offrirait de sérieuses garanties, en présence d'une disposition exigeant un placement en immeubles.

Ces deux points principaux étant établis, nous allons passer à l'examen des hypothèses diverses dans lesquelles pouvait se présenter, avant la loi du 2 juillet 1862, la question de la validité de l'emploi effectué en rentes sur l'État.

---

§ IV.

Examen des hypothèses diverses dans lesquelles pouvait se présenter, antérieurement à la loi du 2 juillet 1862, la question de l'admissibilité de l'emploi en rentes sur l'Etat.—Division.

26. La question de l'admissibilité de l'emploi en rentes ne s'est pas uniquement élevée en présence de dispositions formelles de la loi, d'un jugement, d'un contrat ou d'un acte de libéralité prescrivant l'acquisition d'immeubles. La plupart des textes de loi d'où résulte la nécessité d'un emploi ne précisent pas les biens qui doivent être affectés à cet emploi. Aussi leur application a-t-elle donné lieu à de sérieuses controverses. D'un autre côté, les jugements, les contrats et les actes qui exigent un emploi, contiennent à cet égard des stipulations extrêmement variées, dont l'interprétation et l'exécution ne sont pas sans difficulté.

Les dispositions générales ou particulières prescrivant un emploi peuvent, au point de vue qui nous occupe, se diviser en trois catégories :

1° Un emploi est prescrit, sans que les biens qui devront y être affectés aient été déterminés (§ 5, n°s 27 à 36).

2° Les biens sont désignés, mais seulement par leur nature mobilière ou immobilière (§ 6, n°s 37 et 38).

3° La désignation est plus précise et spécifie certains

biens qui doivent être choisis exclusivement parmi ceux de même nature (§ 7, n°s 39 à 54).

Nous passerons successivement en revue ces trois hypothèses. Nous chercherons à bien préciser de quelle manière les dispositions prescrivant un emploi ont été ordinairement appliquées, avant le 2 juillet 1862. Ce sont là des questions dont l'examen doit précéder celui des difficultés soulevées par la loi nouvelle.

§ V.

Emploi sans aucune désignation de biens.

27. C'est presque toujours lorsque les fonds dont il doit être fait emploi appartiennent à une femme mariée sous le régime dotal qu'on se trouve en présence de dispositions de la loi ou du contrat prescrivant un emploi, sans indiquer de quelle manière il faudra l'opérer. Ce sont, en effet, les précautions prises ou autorisées par la loi pour conserver la fortune des femmes qui donnent le plus fréquemment lieu à un emploi. Mais, en outre, dans ce cas, la nécessité de l'emploi résulte de l'adoption pure et simple du régime dotal, sans qu'il soit besoin qu'une clause du contrat de mariage l'ait prescrit. Toutes les fois, au contraire, que l'emploi doit être l'objet d'une stipulation expresse, il sera plus rare de ne point rencontrer, en même temps, l'indication des biens qui devront y être affectés.

Il faut remarquer, d'ailleurs, que les dispositions de la loi, autres que celles qui ont trait aux femmes mariées, qui créent de plein droit et en l'absence de toute stipulation la nécessité d'un emploi, sont peu fréquentes, et que le législateur a pris soin de prévenir une partie des difficultés qui pourraient s'élever.

S'agit-il de fonds appartenant à un mineur ou à un interdit? Le conseil de famille devra, en fixant la somme à partir de laquelle il y aura emploi, en régler également le mode. (Art. 455 C. Nap.)

Si les biens dont il doit être fait emploi sont grevés de substitution, l'art. 1067 porte que, dans le cas où l'auteur de la disposition n'a pas fait connaître sa volonté à cet égard, l'emploi ne pourra être effectué qu'en immeubles ou avec privilége sur des immeubles.

Aussi, les arrêts que nous aurons l'occasion de citer ont-ils presque tous été rendus dans des espèces où il s'agissait de l'emploi de la dot. Les auteurs se placent au même point de vue lorsqu'ils se demandent en quels biens le placement doit être effectué, dans le cas où la disposition qui prescrit l'emploi ne les a pas spécifiés.

28. Nous ne pouvons plus, dans ce § et dans ceux qui vont suivre, nous servir d'une manière générale du mot *emploi* pour désigner le *remploi* et *l'emploi*. Il est indispensable désormais de faire une distinction à cet égard.

Nous avons donné la définition du remploi et de l'emploi (n° 2). On a vu que l'expression remploi s'appliquait à toute acquisition mobilière ou immobilière, faite avec le prix provenant de l'aliénation d'une autre chose mobilière ou immobilière, dont elle vient prendre la place; que l'emploi était un placement consistant dans l'acquisition d'une chose qui n'est point destinée à prendre la place d'une autre chose aliénée.

Nous nous occuperons d'abord du remploi.

29. *Remploi.* — Il a toujours été à peu près universellement admis que les biens acquis en remploi doivent être de même nature que ceux qu'ils sont destinés à remplacer.

« Le remploi, dans le vrai sens du mot, dit M. Tro-
» plong, entraîne pour conséquence ceci : c'est que
» l'immeuble ne sera pas converti en meuble; c'est que
» si la chose même peut-être aliénée, il faut qu'elle soit
» remplacée par une chose de même nature, qui tienne
» sa place et lui conserve son caractère originaire. »
(*Cont. de mar.*, n° 3416).

M. Benech, après avoir exprimé l'opinion que l'emploi des deniers dotaux ne doit pas être nécessairement fait en achat d'immeubles, lorsque le contrat de mariage ne s'explique pas à ce sujet, ajoute : « Il n'en est
» pas de même du remploi du prix des immeubles do-
» taux qui, par sa nature même, à défaut d'indication
» contraire, doit consister dans l'acquisition de biens
» immeubles. » (*De l'Emploi et du Remploi*, n° 89).

MM. Duranton (t. XV, n° 486) ; Tessier (*De la dot*, I, p. 409) ; Le Dict. Not. (v° *Remploi*, n° 115, 4ᵉ édit.) ; Dalloz (Rép., v° *Cont. de mar.*, n° 3995) ; MM. Rodière et Pont (t. II, n° 554) décident également que le remploi doit, dans le silence du contrat, être fait en biens de même nature que ceux qui ont été aliénés.

La jurisprudence s'est également prononcée dans le même sens. C'est ce qui résulte déjà de la plupart des arrêts qui ont refusé d'admettre que le remploi du prix des immeubles dotaux pouvait avoir lieu en rentes sur l'Etat. Mais, à ces arrêts, on peut ajouter les suivants :

Agen, 28 mars 1832 (S. 32, 2, 288 ; Dalloz, Répert., v° *Cont. de mar.*, n° 4035, 3° ; J. Not., art. 8300) ; Paris, 26 février 1833 (Dalloz, id., n° 3797 2°) ; Toulouse,

7 août 1833 (S. 34, 2, 587); Caen, 30 avril 1849 (S. 52, 2, 177; D. 52, 2, 193; JURISP. Not., art. 8764.)

On lit dans cet arrêt : « Considérant que, par leur » contrat de mariage notarié, en date du 2 février 1818, » les époux P... ont stipulé le régime dotal, avec consti- » tution en dot des biens présents et à venir de la future ; » considérant qu'en dérogeant, par l'art. 4 de ce contrat, » à l'inaliénabilité des immeubles dotaux, ils ont déclaré » que ces immeubles ne pouvaient être vendus ou » échangés pendant le mariage, que sous un bon et » valable remplacement, accepté par la future et qui » lui restera également dotal; considérant que le sens » naturel du mot *remplacement* comporte l'idée d'une » chose de même nature mise à la place de la chose » remplacée. » On voit que les mots *remplacement* et *remploi* sont souvent pris comme synonymes.

L'arrêt déjà cité de la Cour de Caen, du 13 novembre 1847 (S. 48, 2, 657; D. 49, 2, 240 ; JURISP. NOT., art. 9764), a cependant jugé que, dans le silence du contrat, le remploi du prix des immeubles dotaux ne devait pas nécessairement avoir lieu en immeubles réels ou fictifs. Mais cette décision est en contradiction avec l'opinion généralement admise.

30. Il est essentiel, du reste, de ne point exagérer la portée de cette règle que le remploi se fait en choses de même nature.

« Il ne faut pas croire, dit M. Troplong, que la » rigueur du remplacement aille à remplacer un champ » par un champ, une maison par une maison, et non

» une maison par un champ, ou un champ par une » maison; c'est au genre des choses qu'on a égard et » non aux espèces. » (*Cont. de mar.*, n° 3421.)

M. Benech exprime la même opinion : « Il n'est pas » nécessaire que les immeubles acquis en remploi ap- » partiennent à l'espèce de ceux qui ont été aliénés. » Ainsi, un héritage urbain pourra servir de remploi à » un héritage rustique et réciproquement. » (*De l'Emploi et du Remploi*, n° 89.)

Aucune difficulté sérieuse ne peut, nous le pensons, s'élever sur ce point.

31. On doit également admettre que, toutes les fois que les actes prescrivant le remploi ne renfermaient aucune stipulation contraire, le remploi du prix d'immeubles *réels* pouvait être fait en immeubles *fictifs*, tels que des actions de la Banque de France immobilisées. Ce sont là, en effet, des immeubles qui peuvent valablement remplacer d'autres immeubles. De nombreuses décisions ont été rendues en ce sens : Caen, 8 mai 1838 (S. 48, 2, 657; D. 40, 2, 13); *id.*, 13 nov. 1847 (S. 48, 2, 657; D. 49, 2, 240); *id.*, 27 mai 1851 (S. 52, 2, 64; D. 52, 2, 194; J. NOT., art. 14442; JURISP. NOT, art. 9750); Rouen, 7 mai 1853 (S. 54, 2, 177; D. 53, 2, 215; JURISP. NOT., art. 10858); Paris, 15 janvier 1855 (J. NOT., art. 15432; JURISP. NOT., art. 10858); Caen, 10 mars 1856 (D. 57, 2, 78); Paris, 18 mars 1856 (J. NOT., art. 15769); Rouen, 21 juin 1856 (S. 57, 2, 171; D. 57, 2, 102; J. NOT., art. 16128); Riom, 10 janvier 1856 (S. 57, 2, 31; D. 57,

2, 79; J. Not., art. 16016); Angers, 6 juillet 1861 (S. 62, 2, 222).

Presque tous ces arrêts ont autorisé le remploi en actions de la Banque immobilisées, alors que des clauses du contrat de mariage prescrivaient le remploi en immeubles. Il en eût été de même, à plus forte raison, si le contrat de mariage se fût borné à exiger le remploi sans aucune spécification, ou si la nécessité du remploi eût seulement résulté d'une disposition de la loi.

32. La conséquence rigoureuse de ce principe que le remploi doit se faire en biens de même nature, serait que le remploi du prix de meubles aliénés devrait avoir lieu en meubles. Il faut admettre cependant que le remploi pourrait également se réaliser en immeubles, puisque cette transformation aurait pour résultat, d'après les idées généralement admises, d'assurer davantage la conservation de la fortune.

Nous avons, à la vérité, posé cette règle que ni les parties ni les Tribunaux ne pouvaient substituer au mode d'emploi prescrit par un jugement, un contrat ou un acte de libéralité, un autre mode paraissant présenter d'aussi grands avantages, ou des avantages plus grands encore. Mais il faut distinguer entre le cas où la nécessité du remploi en biens d'une certaine catégorie résulte de la volonté exprimée formellement par les parties, et le cas où cette nécessité est seulement la conséquence de l'application de la règle de droit que le remploi se fait en choses de même nature. Dans la première hypothèse, le principe de l'art. 1134 C. Nap. met obstacle à tout emploi en biens autres que ceux spécifiés. Dans la seconde, au contraire, cette règle du remploi en biens de même nature peut être interprétée en ce sens qu'elle ne met pas obstacle à un emploi généralement considéré comme préférable. Il y a une grande différence entre le cas où il est stipulé expressément que le remploi du prix de meubles se fera en autres meubles, et celui où il a été seulement déclaré qu'il sera fait remploi du prix de meubles aliénés.

33. Lorsque le remploi du prix des meubles doit se réaliser en autres biens meubles, ceux-ci, de même que les immeubles acquis en remploi d'autres immeubles, ne doivent pas nécessairement être de même espèce. Il suffit que les meubles destinés à remplacer ceux qui ont été aliénés présentent d'égales garanties. C'est une question de fait dont la solution dépendra de l'appréciation des Tribunaux. Il est à remarquer qu'à la différence des immeubles, ce sont les meubles incorporels qui sont généralement considérés comme offrant le plus de sécurité.

34. Nous ne pensons pas que les auteurs qui admettent que la clause d'emploi des deniers dotaux ne peut s'exécuter qu'en achat d'immeubles (Voir ci-après n° 35), soutiendraient qu'il en est de même de la clause de remploi du prix des meubles dotaux. On doit, en effet, dans le silence du contrat supposer que les parties ont entendu se contenter d'un remploi en choses de même nature que celles aliénées.

Nous allons discuter immédiatement, en nous occupant de l'emploi, l'opinion de ces auteurs. Quant à présent, nous pouvons poser les règles suivantes qui résument les solutions admises en matière de remploi.

A défaut de stipulations à cet égard, le remploi devait être fait en biens de même nature.

Des meubles ne pouvaient pas remplacer des immeubles ; des rentes sur l'Etat ne devaient donc pas servir de remploi à des immeubles.

Des immeubles fictifs devaient être acceptés à la place d'immeubles réels.

Des immeubles et des meubles pouvaient également servir de remploi au prix de meubles,

Le remploi du prix, soit d'immeubles, soit de meubles, ne devait pas nécessairement s'effectuer en choses de même espèce, mais seulement de même nature.

Arrivons maintenant à l'emploi.

35. *Emploi.*—La nature des biens qui doivent être acquis en remploi est indiquée par celle des biens aliénés. En matière d'emploi, il n'en est point ainsi. On peut uniquement, dès lors, poser cette règle que l'emploi doit être fait conformément aux dispositions de la loi ou des actes quelconques qui le rendent obligatoire.

Quelquefois, la loi a fixé elle-même le mode d'emploi qui devait être adopté dans un cas déterminé (art. 1067 C. Nap.) ; quelquefois, tout en prescrivant l'emploi, elle s'en est remis à certaines personnes du soin d'en régler les conditions (art. 455).

Lorsqu'un emploi est exigé sans qu'aucun mode de placement ait été spécifié, c'est aux Tribunaux à apprécier si l'emploi proposé remplit le but que le législateur ou les parties ont cherché à atteindre. On ne saurait dire d'une manière absolue que, dans tel cas, un emploi doit avoir lieu en immeubles ou qu'il peut s'effectuer en meubles.

L'emploi pouvait ordinairement, dans le silence de la loi ou des actes, se réaliser en acquisition de rentes sur l'Etat. Ce mode de placement était susceptible d'être admis dans tous les cas où un jugement, un contrat ou un acte de libéralité prescrivaient un emploi, sans aucune désignation de biens.

36. MM. Rodière et Pont ont cependant émis l'opinion suivante : « S'il a été dit simplement qu'il serait » fait emploi de la dot, sans spécifier en quels biens » l'emploi serait fait, on se demande si cet emploi peut » se faire en objets mobiliers, en acquisition d'un fonds » de commerce ou d'un office, par exemple, en rentes » sur l'Etat ou sur particuliers, etc.; ou si, au con» traire, il ne peut être fait qu'en immeubles. C'est dans » ce dernier sens que la question doit être résolue. La » clause d'emploi, en effet, a pour but d'assurer le paie» ment de la dot, et ce but ne peut être atteint d'une » manière sûre que par un placement immobilier. » (T. II, n° 417.)

M. Bellot des Minières se prononce dans le même sens, mais avec une certaine hésitation. Il pense que l'on doit présumer qu'un emploi en immeubles est celui que les parties ont eu en vue. (T. II, n° 834.)

MM. Dalloz paraissent admettre en principe que l'emploi des deniers dotaux doit avoir lieu en immeubles;

ce serait seulement dans des cas extraordinaires que le juge pourrait prescrire le remplacement en valeurs, d'ailleurs solides, autres que des immeubles. (V° *Cont. de mar.*, n° 3991.)

Nous ne saurions partager cette opinion. Nous pensons, avec M. Benech, que, lorsque le contrat est muet sur ce point, l'emploi des deniers dotaux ne doit pas avoir lieu nécessairement en immeubles. Cet auteur s'exprime ainsi : « La condition d'emploi imposée au » mari, sans autre désignation ou addition, ne l'oblige- » rait pas pourtant à faire cet emploi en achats d'im- » meubles. Il serait autorisé à colloquer la dot en achats » de rentes, ou de contrats hypothécaires, ou d'actions » industrielles, pourvu que le placement fût solide. Par » cela seul que la femme n'a pas déterminé la nature de » l'emploi, elle est censée avoir voulu donner à son » mari toute espèce de latitude à cet égard. On ne sau- » rait même lui appliquer, à mon avis, les dispositions » restrictives de l'art. 1067 du C. Civ. par rapport au » genre d'emploi dont sont tenus les grevés de substi- » tution. M. Bellot des Minières a professé, il est vrai, » une doctrine opposée ; mais je la crois inexacte, par » cela seul qu'elle donne au mot *emploi*, qui est géné- » rique, un sens beaucoup trop restreint. Il faut donc » admettre que le mari ne sera tenu de faire l'emploi en » achat d'immeubles que lorsque le contrat de mariage » s'en sera expliqué d'une manière positive. » (*De l'Emploi et du Remploi*, n° 5.)

Rien n'autorise, en effet, à donner au mot emploi un

sens restreint qui le rendrait synonyme de placement en immeubles. Tout placement sérieux et solide peut constituer un emploi valable. Nous ne voyons pas quel texte de loi on pourrait invoquer pour soutenir que les deniers dotaux ne sauraient être employés qu'en immeubles. Si nous avons admis sans hésitation que le remploi du prix des immeubles dotaux ne pouvait se faire qu'en acquisition d'autres immeubles, c'est parce que le remploi, ainsi que son nom l'indique, suppose le remplacement d'une chose par une autre de même nature ; c'est aussi parce que la dot ne doit pas, à défaut d'une autorisation expresse insérée dans le contrat, subir une transformation qui pourrait avoir pour conséquence de rendre sa conservation moins assurée. Aucune de ces raisons ne s'applique au cas d'emploi de sommes dotales; en les affectant à l'acquisition de valeurs mobilières, la nature de la dot n'est pas modifiée. Il n'est pas exact de dire qu'un emploi immobilier soit le seul moyen efficace d'assurer le paiement de la dot. Des rentes sur l'Etat, des prêts hypothécaires présentent de suffisantes garanties. Ces placements peuvent recevoir une empreinte et des signes apparents de dotalité, de manière à sauvegarder complétement les droits de la femme, et à donner satisfaction au principe de l'inaliénabilité de la dot.

L'opinion que nous combattons ne peut s'appuyer que sur une sorte de présomption légale en vertu de laquelle, sous le régime dotal, toute clause d'emploi supposerait que les parties ont entendu que cet emploi ne devrait se réaliser qu'en achat d'immeubles. Or, c'est là, nous le répétons, une présomption qui n'existe pas dans la loi.

On doit donc reconnaître que, même sous le régime dotal, la clause d'emploi pouvait s'exécuter autrement que par l'achat d'immeubles. Les rentes sur l'Etat, spécialement, pouvaient donc être considérées comme remplissant le but que les stipulants se proposaient d'atteindre. Il devait en être de même, à plus forte raison, sous un autre régime, et dans les cas où un jugement, un contrat ou un acte de libéralité prescrivaient un emploi sans désignation de biens.

§ VI.

Emploi avec désignation de la nature mobilière ou immobilière des biens.

37. Lorsque l'emploi est prescrit en biens d'une nature déterminée, il n'y a plus d'intérêt à le distinguer du remploi. Si, en effet, au point de vue qui nous occupe, le remploi diffère de l'emploi, c'est parce que pour la première de ces opérations seulement, il est possible de suppléer à l'absence de l'indication des choses qui doivent être acquises, en tenant compte de la nature de celles qui ont été aliénées. Cette distinction perd donc son importance lorsque les biens qui doivent servir d'emploi ou de remploi ont été spécifiés.

Nous avons, du reste, indiqué d'avance, en discutant les questions qui ont déjà été prévues, comment devaient être résolues, antérieurement à la loi du 2 juillet 1862, les difficultés que pouvaient soulever les dispositions prescrivant un emploi en biens d'une nature déterminée. Il suffira donc de réunir et de résumer ici ce que nous avons déjà dit sur ce point dans les §§ précédents.

38. Il a été démontré que les clauses spécifiant la nature des biens qui seraient affectés à un emploi devaient être aussi strictement exécutées que toutes les autres stipulations des contrats ; que ni les parties ni le juge n'avaient le pouvoir de substituer au mode d'emploi déterminé un autre mode qui leur paraîtrait pré-

senter les mêmes avantages ou des avantages plus grands.

Ainsi, non-seulement la stipulation d'un emploi en immeubles s'opposait à ce que cet emploi fût effectué en meubles ; mais encore la clause d'emploi en meubles ne permettait pas l'acquisition d'immeubles. Les parties, en effet, avaient pu avoir des raisons de préférer la facilité de gestion, l'augmentation du revenu, la possibilité du déplacement, etc., à la stabilité de la valeur du capital. Il en eût été autrement, bien entendu, si, en disant que l'emploi aurait lieu en meubles, les parties avaient seulement accordé une faculté, sans prohiber l'emploi en immeubles. Il pouvait y avoir là une question d'interprétation de contrat.

On a vu également qu'il résultait d'une jurisprudence consacrée par de nombreux arrêts que, dans tous les cas où un emploi devait être réalisé en immeubles, sans aucune autre spécification, il pouvait être fait en immeubles *fictifs*; que des actions de la Banque de France immobilisées devaient être acceptées; mais qu'il n'en était pas de même des rentes sur l'Etat, qui ne sont pas, dans ce cas, susceptibles d'immobilisation.

C'était donc uniquement lorsque la loi, le jugement, le contrat ou l'acte de libéralité, entre vifs ou testamentaire, qui prescrivaient un emploi en biens d'une nature déterminée, avaient autorisé l'emploi en meubles ou en valeurs mobilières, que le placement pouvait se faire régulièrement en acquisition de rentes. Il ne devait s'élever aucune difficulté à cet égard. Le mot *meu-*

ble s'applique également aux meubles incorporels, tels que les rentes sur l'Etat, et ce sont ces derniers, d'ailleurs, qui, comme placement, offrent à la fois le plus d'avantages et de sécurité.

Nous n'avons rien à dire de plus sur l'emploi avec désignation de la nature mobilière ou immobilière des biens.

---

§ VII.

Emploi avec désignation de certains biens devant être exclusivement choisis parmi ceux de même nature.

39. Il est évident que les stipulations ayant pour objet de déterminer, parmi les biens de même nature, ceux qui doivent être affectés à un emploi, ou, ce qui est également licite, d'exiger que ces biens présentent certaines qualités, sont aussi obligatoires que les stipulations qui se bornent à indiquer la nature de ces biens.

C'est là un point constant lorsqu'il s'agit de l'emploi ou du remploi de la dot. (Voir, en ce sens, MM. Troplong, n° 3417; Rodière et Pont, T. II, nos 416 et 554.)

« Attendu, lit-on dans les motifs d'un arrêt de la » Cour de Rouen, du 7 mai 1853, que suivant le con- » trat de mariage des époux D..., comme d'après le » cahier des charges sur lequel le sieur D... s'est rendu. » adjudicataire, le prix des immeubles de Mme D... » devait, sous la garantie de l'acquéreur, être employé » en acquisition d'autres immeubles; qu'à la vérité, » ces actes *n'ayant pas déterminé l'espèce d'immeubles* » *en laquelle le remploi devait être opéré*, ces époux » peuvent l'offrir en immeubles fictifs, aussi bien qu'en » immeubles corporels, etc. » (S. 54, 2, 177; D. 53, 2, 215; JURISP. NOT., 10858.)

Un autre arrêt de la même Cour, du 21 juin 1856, est à peu près conçu dans des termes identiques. (S. 57, 2, 171; D. 57, 2, 102; J. NOT., art. 16128.)

La Cour d'Aix, par arrêt du 17 nov. 1860, reconnaît aussi l'efficacité des stipulations qui ont pour objet de déterminer l'espèce particulière des immeubles qui doivent être affectés à un emploi : « Attendu, en droit, » que l'emploi du fonds dotal stipulé en immeubles dans » un contrat de mariage peut être réalisé en immeubles » incorporels, s'il ne résulte pas de l'acte que les par- » ties ont entendu *limiter le mot immeubles aux fonds* » *ruraux.* » (S. 61, 2, 300 ; D. 61, 5, 414.)

40. Il en serait de même s'il s'agissait de tout autre emploi que celui de la dot. Si, en effet, les auteurs et les arrêts ci-dessus cités décident que les clauses des contrats de mariage qui précisent l'espèce particulière des biens destinés à servir d'emploi doivent être strictement exécutées, c'est en vertu de la disposition de l'art. 1387 C. Nap., qui elle-même n'est que l'application à un cas spécial du principe de l'art. 1134.

41. Toutes les fois, en conséquence, qu'antérieurement à la loi du 2 juillet 1862, il avait été régulièrement stipulé qu'un emploi quelconque ne pouvait être réalisé qu'en immeubles d'une certaine espèce, par exemple, *en biens ruraux, bâtis ou non bâtis, en biens de ville, ou situés dans tel pays*, etc., ces clauses étaient obligatoires.

Il en était ainsi dans le cas où l'emploi ne pouvait être effectué qu'en meubles d'une espèce déterminée, tels que des *rentes sur l'Etat* ou d'autres valeurs mobilières *spécifiées*, ou bien un *office*, un *fonds de commerce*, etc.

42. Il est dès lors certain que, dans tous les cas où un acte prescrivant un emploi désignait en même temps l'espèce particulière de biens meubles ou immeubles devant être affectés à cet emploi, le placement en rentes sur l'Etat était interdit avant la loi du 2 juillet 1862. Dès l'instant que la clause d'emploi en immeubles suffisait pour exclure l'emploi en rentes, la clause d'emploi en immeubles d'une espèce désignée devait, à plus forte raison, produire le même résultat.

La clause d'emploi en certains meubles, autres que les rentes, devait également interdire le placement en rentes, comme tout placement en meubles autres que ceux spécifiés.

43. Mais les dispositions réglant le mode d'emploi ne sont pas toujours aussi précises. Il existe plusieurs clauses assez fréquemment usitées dans les contrats de mariage, et dont l'application a déjà soulevé des controverses qui peuvent se reproduire encore, même en présence de la loi nouvelle. Il est souvent stipulé que le remploi des immeubles de la femme devra se faire en immeubles *de même valeur*, *de même nature*, *de mêmes nature et valeur*, en *biens de même nature* ou *de bonne éviction*. On pourrait aussi imposer de semblables conditions au remploi des meubles.

Il est utile de passer en revue ces clauses diverses, non-seulement pour se demander si elles excluaient l'emploi en rentes, mais aussi pour bien préciser de quelle manière elles étaient ordinairement appliquées. Ce sont là des questions dont la solution n'est pas sans influence sur celle des difficultés qui peuvent se présenter encore maintenant à l'occasion des mêmes clauses, et que nous chercherons à résoudre dans la deuxième partie.

44. *Clause de remploi en meubles ou en immeubles de même valeur.* — Cette clause ne pouvait exercer aucune influence sur le choix *de la nature* ou, à plus forte raison, *de l'espèce* des biens devant être affectés au remploi. Une telle prescription, en thèse générale, n'avait pour objet que de réitérer l'injonction, qui résultait déjà suffisamment, du reste, de la loi même, d'admettre seulement pour servir de remploi des biens représentant la valeur entière de ceux qui avaient été aliénés. En présence d'une disposition ainsi conçue, le remploi pouvait donc s'effectuer dans les mêmes conditions que si la clause portait simplement qu'il serait fait remploi du prix des meubles ou des immeubles aliénés.

Il suit de là que, dans le cas où les biens vendus étaient des immeubles, même corporels, les immeubles fictifs pouvaient être acceptés en remploi.

Les Cours de Caen et de Riom ont, en effet, reconnu la validité d'un remploi d'immeubles corporels en immeubles fictifs, alors que le contrat de mariage portait qu'il serait fait remploi des immeubles dotaux en immeubles de *même valeur* : « Considérant, porte l'arrêt » de la Cour de Caen, que les parties, en stipulant le » remploi des biens aliénés en biens de *même valeur*, » n'ont pas entendu qu'il serait nécessairement effectué » au moyen d'un remploi en immeubles corporels;

» que leur intention a été surtout de garantir, par des » valeurs présentant des sûretés égales, l'existence de la » dot ; qu'elles n'auraient pas manqué d'employer les » mots d'immeubles *de même nature*, si réellement leur » volonté eût été de limiter le remploi à des immeubles » territoriaux. » (27 mai 1851 ; S., 52, 2, 64 ; J. Not., art. 14442.)

On lit aussi dans l'arrêt de la Cour de Riom : « Attendu que l'art. 3 du contrat de mariage de la dame » C... porte que le remploi sera fait en acquisition » d'immeubles *de même valeur*, francs et quittes de » toutes dettes et charges ; attendu que cette condition » de remploi se trouvera accomplie suivant l'intention » des époux C... lors de leur contrat de mariage, s'il » est fait remploi du prix de la maison dotale vendue » par l'acte du 10 avril 1854, en acquisition d'im- » meubles corporels ou *incorporels*, pourvu qu'ils » soient de même valeur, qu'ils soient francs et quittes » de dettes et charges, et que le remploi soit accepté par » la dame C...» (10 janvier 1856 ; S. 57, 2, 31 ; D. 57, 2, 79 ; J. Not., art. 16016.)

L'addition à une stipulation de remploi des mots *de même valeur* était donc sans influence sur le choix des biens. Ainsi, en présence d'une clause de remploi de meubles ou d'immeubles en biens de même valeur, les règles que nous avons tracées *supra* pour le cas où l'obligation du remploi ne résultait que de la loi ou d'une disposition prescrivant purement et simplement le remploi, devaient donc être applicables.

La question de l'admissibilité du remploi en rentes, notamment, devait se résoudre par la distinction faite n°s 29 à 34 : si les biens aliénés étaient des immeubles, les rentes ne pouvaient être acceptées ; il fallait des immeubles fictifs ou corporels ; si les biens aliénés étaient des meubles corporels ou incorporels, rien ne s'opposait au remploi en rentes.

45. *Clause de remploi en meubles ou en immeubles de même nature.*— Cette clause a donné lieu à une assez sérieuse difficulté. On s'est demandé si une semblable stipulation devait, dans le cas où les immeubles aliénés étaient des immeubles *corporels*, être considérée comme exclusive d'un remploi en immeubles fictifs.

L'arrêt déjà cité de la Cour de Caen, du 27 mai 1851, déclare que si le contrat imposait l'obligation d'un remploi en biens de *même nature*, au lieu d'un remploi en biens de *même valeur*, les immeubles fictifs n'eussent pas dû être acceptés.

Le *Journal des Notaires*, en rapportant un arrêt de la Cour de Paris, du 15 janvier 1855, fait observer que la clause de remploi en biens de *même nature* s'opposerait au placement en immeubles fictifs (art. 15432). On trouve dans ce recueil, avec les motifs de l'arrêt, le résumé de la plaidoirie de Me Senard, qui soutenait que si les parties, dans leur contrat de mariage, avaient entendu prescrire le remploi en biens fonds et exclure les immeubles fictifs, au lieu de se borner à stipuler que le remploi serait fait en acquisition d'autres immeubles, elles auraient manifesté leur volonté en déclarant que ce remploi serait fait en biens fonds ou en immeubles de *même nature*,

46. On peut, à l'appui de cette opinion, invoquer des arguments très-sérieux, qui se résument ainsi :

Il faut admettre que la clause de remploi en immeubles de même nature a pour conséquence de mettre obstacle au remploi en immeubles fictifs, ou reconnaître que c'est là une stipulation non-seulement superflue, comme celle de remploi en biens de même valeur, mais encore entièrement vide de sens.

Les parties, en effet, bien qu'elles aient cru devoir stipuler que le remploi aurait lieu en immeubles de même nature, se seraient trouvées exactement dans la position où elles eussent été si elles s'étaient bornées à déclarer que les immeubles ne pourraient être aliénés qu'à charge de remploi ; ou bien si, pour prévenir toute difficulté, elles avaient ajouté que le remploi se ferait en immeubles. L'addition d'une clause usitée, qui cependant devait avoir un but dans l'intention des parties, n'aurait donc produit aucun résultat, et, de plus, elle constituerait une répétition, une sorte de pléonasme assez étrange ; les mots, de même nature, n'ajoutant rien à celui d'immeubles, puisqu'ils ne spécifieraient pas une catégorie spéciale d'immeubles, la clause devait se traduire ainsi : immeubles d'une nature immobilière. La stipulation, entendue de cette manière, n'aurait donc aucune portée, bien qu'autrement interprétée elle puisse en avoir une sérieuse ; or, lorsqu'une clause est susceptible de deux sens, on doit plutôt l'entendre dans celui avec lequel elle doit avoir quelque effet que dans le sens avec lequel elle n'en pourrait produire aucun. (Art. 1157 C. Nap.)

Il ne faut pas toutefois aller jusqu'à soutenir que la stipulation de remploi en immeubles de même nature aurait pour conséquence d'obliger à n'effectuer ce remploi qu'en immeubles semblables à celui aliéné, en biens ruraux, par exemple, si ce dernier bien était rural. Ce serait confondre l'espèce et la nature des biens; mais il faut, du moins, pour que la clause ait un sens raisonnable, qu'elle produise ce résultat de restreindre le choix des immeubles qui peuvent être acquis en remploi, en s'opposant à l'admissibilité de tous ceux qui ne rentrent pas, comme le bien aliéné, dans la classe des immeubles corporels. Cette interprétation doit d'autant plus être admise que les immeubles corporels sont souvent préférés aux immeubles fictifs, et qu'on peut facilement admettre que les stipulants ont entendu exclure cette dernière catégorie d'immeubles.

47. Ces arguments ne sont pas sans valeur, et nous sommes disposé à reconnaître que la clause de remploi en immeubles de même nature s'opposait, lorsque les immeubles aliénés étaient corporels, à l'acquisition d'immeubles incorporels, ou, pour poser une règle plus générale, que la clause de remploi en meubles ou en immeubles de même nature, mettait obstacle au remplacement des choses corporelles par les choses incorporelles et des choses incorporelles par les choses corporelles.

Nous n'admettons, toutefois, cette règle qu'avec

d'importantes restrictions, qui, du reste, se trouvaient peut-être sous-entendues dans la pensée des jurisconsultes dont nous venons de faire connaître l'opinion.

Il faut d'abord accorder à cet égard aux Tribunaux un certain pouvoir d'interprétation, et leur reconnaître le droit de décider, par appréciation de l'ensemble des clauses d'un acte et des circonstances de chaque affaire, qu'une stipulation de remploi en meubles ou en immeubles de même nature n'avait pas, dans la pensée des stipulants, un sens bien déterminé, de telle sorte que les mots *de même nature* n'ajoutent rien aux obligations qui résultent déjà de l'injonction de procéder au remploi.

En second lieu, la clause de remploi en meubles ou en immeubles de même nature ne devait pas s'opposer à la substitution de choses corporelles à des choses incorporelles ou de choses incorporelles à des choses corporelles, lorsque ce changement avait pour conséquence, d'après les idées généralement admises, d'assurer davantage la conservation de la fortune. On doit, en effet, présumer, jusqu'à preuve contraire, que les parties n'ont point entendu prohiber l'exercice d'une faculté dont le résultat serait une modification dans la nature des biens, ordinairement regardée comme avantageuse.

Ainsi, nous admettons bien que la clause de remploi d'immeubles corporels en immeubles de même nature ne permettait pas un placement en immeubles incorporels; mais nous pensons que la clause de remploi d'immeubles incorporels en immeubles de *même nature* ne s'opposait pas au placement en immeubles corporels. Il ne faut pas perdre de vue, en effet, que les meubles corporels ont été considérés comme offrant les garanties les plus grandes, et on doit plutôt supposer une répétition ne présentant aucun sens que l'exclusion d'un mode de remploi qui aurait pour résultat une augmentation de sûretés. L'art. 1157 C. N. ne devait pas faire admettre une interprétation contraire aux intérêts des stipulants. Ce n'était donc qu'autant qu'il résultait, soit de l'ensemble des stipulations des actes, soit de la situation spéciale des parties, qu'elles pouvaient avoir intérêt à exclure les immeubles corporels, que la clause de remploi d'immeubles incorporels en biens de même nature devait être interprétée comme prohibitive du remploi en immeubles corporels.

Il n'y a aucune contradiction entre la faculté que nous reconnaissons aux parties et aux Tribunaux de permettre, en présence d'une clause de remploi en immeubles de même nature, la substitution d'immeubles corporels à des immeubles incorporels, et cette règle que ni les parties ni le juge ne pouvaient substituer au mode d'emploi prescrit un autre mode leur paraissant présenter les mêmes avantages ou des avantages plus grands. La clause d'emploi en immeubles de même nature est susceptible, en effet, de nécessiter une interprétation, et nous admettons seulement que l'appréciation des avantages réciproques offerts par les immeubles corporels et les immeubles incorporels doit être un des éléments de cette interprétation. (Voir, du reste, *supra*, nos 6 et 32.)

48. La clause de remploi en *meubles de même nature* devait être interprétée, comme la clause de remploi en immeubles de même nature, en tenant compte, toutefois, de la différence qui résulte de ce que, contrairement à ce qui a lieu pour les immeubles, ce sont les meubles incorporels qui sont regardés comme offrant les garanties les plus grandes.

Ainsi, dans le cas où les meubles aliénés étaient incorporels, on ne devait pas pouvoir acquérir des meubles corporels. Il fallait nécessairement des meubles incorporels, et les rentes eussent été admises sans difficulté.

Mais si les meubles aliénés étaient corporels, on ne devait pas repousser le remploi en meubles incorporels. La circonstance que l'emploi en meubles incorporels constituait toujours un placement préférable devait, en effet, influer sur l'interprétation de la clause. (Voir n° précédent.) Les rentes sur l'Etat devaient donc être admises.

49. Il résulte de ce que nous venons de dire que, dans le cas de clause de remploi en immeubles ou en meubles de *même nature*, l'acquisition de rentes était prohibée lorsque les biens aliénés étaient immeubles, et qu'elle était permise lorsque ces biens étaient meubles.

50. *Clause de remploi en meubles ou en immeubles de même nature et valeur*. Il n'y a aucune différence à établir entre cette clause et celle d'emploi en meubles ou en immeubles de même nature.

51. *Clause de remploi en biens de même nature.*— Si nous avons admis que la clause d'emploi en meubles ou en immeubles de même nature pouvait avoir pour conséquence d'obliger de substituer des choses corporelles aux choses corporelles et des choses incorporelles aux choses incorporelles, c'est parce qu'une autre interprétation des mots meubles ou immeubles de même nature leur enlèverait toute signification. La clause de remploi en *biens* de même nature pouvait donc ne pas être entendue de la même manière. Pour que les mots *de même nature* ajoutent une idée nouvelle au mot *biens*, il n'est pas nécessaire de les interpréter comme nécessitant le remplacement des immeubles corporels par des immeubles corporels, mais simplement des immeubles par des immeubles, l'expression *biens* n'ayant pas, par elle-même, cette signification.

La clause de remploi en biens de même nature devait donc, en thèse générale, être appliquée comme une simple cause de remploi sans aucune spécification. C'es là une stipulation qui, sans doute, ne présente pas une grande utilité ; mais il en est ainsi de plusieurs autres clauses, spécialement de celle de remploi en *biens de même valeur*.

52. *Clause d'emploi ou de remploi en meubles ou en immeubles de bonne éviction.* — Cette stipulation ne nous paraît pas avoir d'autre but que de manifester d'une manière particulière l'intention du stipulant d'exiger un remploi en biens présentant de sérieuses garanties, et elle ne devait pas, en conséquence, exclure telle ou telle catégorie de meubles ou d'immeubles.

La Cour de Nîmes, par l'arrêt du 20 avril 1857 que nous avons eu déjà l'occasion de citer (n° 9), a décidé qu'un remploi en immeubles fictifs ne pouvait être accepté dans une espèce où un jugement passé en force de chose jugée avait prescrit que le remploi des immeubles dotaux aurait lieu en immeubles *de bonne éviction*. (S. 59, 1, 521 ; D., 59, 1, 117 ; J. Not., art. 16545.) Mais cet arrêt, qui base uniquement sa décision sur la disposition du jugement exigeant un emploi en immeubles de bonne éviction sans aucune discussion du sens de cette clause, ne résout pas la question d'une manière formelle.

Parmi les clauses que nous venons d'examiner, c'est donc seulement celle de remploi en *meubles ou en immeubles de même nature* qui pouvait influer sur la détermination des biens susceptibles d'être affectés au remploi.

53. Nous n'avons certainement pas prévu toutes les clauses si diverses qui peuvent être insérées dans des actes prescrivant un emploi. Les plus usitées ont été, du moins, passées en revue, et nous nous sommes attaché à faire connaître comment elles étaient ou devaient être interprétées et appliquées antérieurement à la loi du 2 juillet 1862.

On trouvera peut-être que nous avons admis des distinctions bien subtiles ; que nous reconnaissons des différences entre des clauses presque identiques, et qui, dans la pensée des stipulants, n'ont qu'une seule signification ou même ne présentent aucun sens déterminé ;

que les nuances signalées échappent le plus souvent, sans doute, aux rédacteurs des actes eux-mêmes ; qu'il en est ainsi, par exemple, des clauses de remploi en *meubles* ou en *immeubles* de même nature, et en *biens* de même nature ; que la distinction qui a été proposée entre ces deux clauses n'est presque jamais aperçue par les parties.

Mais, cependant, quel doit être le rôle du magistrat chargé d'interpréter ou d'appliquer les clauses de la nature de celles dont nous nous sommes occupé dans ce § ? Doit-il les considérer comme étant de style, et n'attribuer les différences qui existent entre elles qu'aux habitudes diverses de leurs rédacteurs ? Doit-il, en conséquence, lorsqu'il y a lieu de rechercher la pensée des parties et de préciser le but qu'elles se sont proposé d'atteindre, tenir peu de compte des stipulations qui accompagnent les clauses d'emploi et négliger les différences qui existent entre elles ?

Nous ne le pensons pas. Si les clauses dont il s'agit devaient être considérées comme de style, lorsqu'elles ont été rédigées par des hommes d'affaires, il ne devrait pas en être de même lorsqu'elles sont l'œuvre des parties ; il faut bien alors chercher le sens d'une stipulation que l'habitude seule n'a pas dictée.

Mais, dans le cas même où on trouve dans un acte notarié les clauses que nous avons passées en revue, nous ne croyons pas qu'on puisse se dispenser de les examiner avec soin, par suite de cette idée préconçue que ce sont des formules banales, insérées par le rédacteur, sans que ni lui ni les parties en aient calculé la portée. Si ces clauses sont fréquemment usitées, il ne suit pas de là qu'elles soient banales ; elles sont toutes usitées, mais pour rendre des pensées différentes. Il est, en effet, plus digne du notariat de penser que chaque stipulation d'un acte, alors surtout qu'elle se rapporte à l'obligation de l'emploi et du remploi, dont les conséquences sont si graves, présente une importance réelle ; qu'avant d'être admises, toutes ces dispositions sont étudiées ; que les termes employés l'ont été à dessein et pour rendre la pensée des parties ; que l'attention de celles-ci a été appelée sur des prescriptions qui, pour les unes, doivent être des garanties, et pour les autres, des entraves. C'est avec cette pensée que nous avons examiné les diverses clauses relatives à l'emploi ; elle sera le plus souvent d'accord avec la réalité des faits.

54. Il est bien entendu, d'ailleurs, que les solutions que nous avons données, et qui ont été généralement adoptées par la doctrine et la jurisprudence, n'ont jamais été considérées comme des règles tellement absolues que les mêmes clauses dussent toujours, et dans tous les cas, être appliquées de la même manière. Les Tribunaux, bien qu'obligés de respecter la volonté des parties, doivent toujours, au lieu de s'en tenir trop rigoureusement à la lettre des actes, rechercher l'intention des stipulants. Ainsi, on conçoit que le rapprochement des clauses spécifiant les biens devant être acquis en emploi et des autres dispositions des jugements,

des contrats ou des actes prescrivant l'emploi, puisse exercer une certaine influence sur l'interprétation de ces clauses. Les circonstances dans lesquelles les stipulations à appliquer sont intervenues doivent être aussi prises en considération. En un mot, les principes de droit commun, en matière d'interprétation d'actes, sont applicables. Nous avons posé plutôt des règles d'interprétation que des règles de droit.

---

§ VIII.

Résumé, au point de vue de l'admissibilité de l'emploi en rentes, de l'exposé de l'état de la législation, de la jurisprudence et de la doctrine, antérieur à la loi du 2 juillet 1862.

55. Antérieurement à la loi du 2 juillet 1862, les rentes sur l'Etat étaient des biens meubles qui ne devenaient susceptibles d'être immobilisées que dans deux cas exceptionnels : lorsqu'elles étaient affectées à la formation d'un majorat, ou acquises par la Caisse d'amortissement.

Dans les différentes circonstances où la loi, un jugement, un contrat ou un acte de libéralité, entre vifs ou testamentaire, prescrivaient un emploi, il était tantôt permis, tantôt interdit de l'effectuer au moyen de l'acquisition de rentes. Il y avait lieu de faire, à cet égard, les distinctions suivantes :

1° Lorsque la loi, le jugement, le contrat ou l'acte de libéralité d'où résultait la nécessité de l'emploi ne désignaient pas les biens qui seraient affectés à cet emploi, on devait alors faire une sous-distinction entre l'emploi proprement dit et le remploi.

Dans la première hypothèse, rien ne s'opposait à ce que l'emploi, alors même qu'il s'agissait de fonds dotaux, fût réalisé en rentes.

Dans la seconde, l'application de ce principe que le remploi doit avoir lieu en choses de même nature, conduisait à décider que les rentes ne pouvaient être acceptées en remploi du prix d'immeubles ; mais qu'elles constituaient un remploi régulier, lorsque les biens aliénés étaient des meubles.

2° Lorsque les dispositions prescrivant l'emploi indiquaient la nature des biens qui devaient servir d'emploi, ou spécifiaient, parmi les biens de même nature, ceux qui devaient être exclusivement choisis, les parties et le juge, liés par cette désignation, ne pouvaient substituer au mode d'emploi déterminé un autre mode leur paraissant présenter les mêmes avantages ou des avantages plus grands. En conséquence, l'emploi en rentes était interdit toutes les fois que ces valeurs ne pouvaient être considérées comme comprises dans la catégorie de biens déterminée.

Tel était, au moment où la loi du 2 juillet 1862 est intervenue, le rôle assigné aux rentes dans les différents cas où la loi, un jugement, un contrat ou un acte de libéralité prescrivaient un emploi.

DEUXIÈME PARTIE.

—

§ Ier.

Division.

56. Avant de commencer l'examen des difficultés que soulèvent l'interprétation et l'application de l'art. 46 de la loi du 2 juillet 1862, nous appellerons l'attention sur les travaux préparatoires (exposé de motifs et rapport) auxquels la réforme projetée a donné lieu, soit en 1859, lorsqu'elle fut proposée pour la première fois, soit en 1862, lorsqu'elle fut définitivement adoptée (§ 2, n° 57).

Nous discuterons ensuite les questions suivantes :

Quel est le caractère de la loi du 2 juillet 1862? Est-ce une loi interprétative? est-ce une loi rétroactive? Ses dispositions peuvent-elles être appliquées, lorsque la nécessité de l'emploi résulte d'un jugement, d'un contrat ou d'un acte de libéralité antérieurs à sa promultion? (§ 3, n°s 62 à 70.)

La loi du 2 juillet 1862 a-t-elle conféré aux Tribunaux un pouvoir discrétionnaire, dont ils n'étaient pas investis auparavant pour la solution des questions rentrant dans le même ordre d'idées que celles soulevées par l'application de la loi nouvelle? (§ 4, n°s 71 à 75.)

Les rentes sur l'Etat sont-elles devenues susceptibles d'immobilisation? (§ 5, n° 76.)

Nous arriverons ensuite à l'examen des questions extrêmement délicates qui se sont élevées, lorsqu'on a voulu déterminer quelles sont les stipulations qui doivent être considérées comme constituant la *clause contraire* à l'emploi en rentes (§§ 6 à 13, nos 77 à 108).

Nous ferons enfin l'application des règles que nous aurons posées aux hypothèses diverses dans lesquelles la question d'admissibilité de l'emploi en rentes peut se présenter (§§ 14 à 16, nos 109 à 111).

Nous passerons en revue, en nous plaçant au point de vue de la loi du 2 juillet 1862, les différentes clauses usitées dans les actes prescrivant un emploi, et dont nous avons déjà précisé le sens et les effets sous la législation antérieure (1re partie, § 7, nos 39 à 54, et 2e partie, § 17, nos 112 à 120).

§ II.

Loi du 2 juillet 1862. — Travaux préparatoires.

57. La disposition contenue dans l'art. 46 de la loi de finances du 2 juillet 1862 avait été déjà soumise au Corps législatif en 1859. Une des dispositions additionnelles au projet de budget de 1860 était, en effet, ainsi conçue : « Les sommes dont le placement ou le remploi » en immeubles est prescrit ou autorisé par la loi, par » un jugement, par un contrat ou par une disposition à » titre gratuit entre vifs ou testamentaire, peuvent être » employées en rentes sur l'État. — Dans ce cas, et sur » la réquisition des parties, l'immatricule de ces rentes » au Grand-Livre de la dette publique en indique l'affec- » tation spéciale. »

La disposition proposée, on le voit, était formulée dans des termes identiques à ceux de l'art. 46 de la loi du 2 juillet 1862 ; seulement elle ne contenait pas alors la réserve, *à moins de clause contraire.*

58. Cette importante innovation avait été délibérée et adoptée par le conseil d'Etat dans ses séances des 2 et 10 mars 1859. C'est le 18 mars suivant que le projet de loi fut présenté au Corps législatif (*Moniteur* du 19). L'exposé de motifs était ainsi conçu :

« *Dispositions concernant l'emploi de certains fonds en rentes sur l'Etat.*

» L'article 529 du Code Napoléon porte que les *rentes*

» *sont meubles*, et cette disposition s'applique aussi bien
» aux rentes sur l'Etat qu'aux rentes sur particuliers.
» Aux termes de l'article 4 de la loi du 8 nivôse an VI et
» de l'article 7 de la loi du 22 floréal an VII, les rentes
» sur l'Etat sont insaisissables, et le mode de transmis-
» sion de cette valeur mobilière est régi par des règles
» spéciales. Chaque créancier de l'Etat est inscrit sur le
» Grand-Livre de la dette publique pour la somme de
» rentes dont il est titulaire; un extrait de ce Grand-Livre
» lui est délivré et lui sert de titre de propriété : cette
» propriété se transmet par le transfert opéré sur le
» Grand-Livre par les soins et sous la responsabilité
» d'officiers ministériels spéciaux, les agents de change.
» Il en résulte que la propriété des rentes sur l'Etat,
» comme celle des immeubles, peut être affectée, quant
» à sa disponibilité, par des conditions spéciales, et
» qu'elle présente, pour l'emploi des fonds appartenant
» à des incapables, des garanties particulières.

» Ainsi, quand une commune ou un établissement
» public, un mineur ou un interdit sont propriétaires de
» rentes sur l'Etat, l'immatricule de ces rentes mention-
» nant l'incapacité des titulaires, elles ne peuvent être
» transférées sans que les conditions prescrites par la
» loi, pour la protection des droits des incapables, aient
» été préalablement accomplies. Une rente sur l'Etat
» peut être grevée d'usufruit, et l'indication de cette cir-
» constance dans son immatricule garantit les droits du
» nu-propriétaire et ceux de l'usufruitier. S'il s'agit de
femmes mariées, soit sous le régime dotal, soit sous

» celui de la communauté, les rentes sur l'Etat, par les » énonciations de leur immatricule, peuvent aussi se » prêter à toutes les circonstances d'inaliénabilité ou » d'inaliénabilité conditionnelle qui résultent des stipu- » lations de la loi, ou de celles des contrats de mariage. » En 1826, la Cour de Caen, ayant à se prononcer sur un » remploi en rentes sur l'Etat de sommes dotales, or- » donna, par un arrêt préparatoire, que le ministre des » finances serait consulté par le procureur général sur » la question de savoir si le remploi dotal en rentes sur » l'Etat serait inaliénable comme la dot elle-même, et, » le 26 septembre 1826, le ministre répondit :

« *Toutes les fois qu'un placement en inscriptions s'ef-* » *fectue en vertu d'un jugement des Tribunaux, ces* » *inscriptions sont libellées suivant les clauses et con-* » *ditions exprimées audit jugement, dont une expédi-* » *tion doit être produite à l'appui du transfert.* » *Ainsi, la rente acquise pour remplacer les biens do-* » *taux pourra être inscrite dans les termes ci-après...* » (Le nom de la femme.) *La présente inscription est* » *inaliénable comme provenant d'un remploi de dot,* » *aux termes du jugement du...*

» En conséquence, la Cour de Caen, par un arrêt du 20 » novembre 1826, ordonna le remploi en rentes. Si on » feuilletait les pages si nombreuses du Grand-Livre, on » y trouverait de fréquents exemples de rentes inscrites » au nom de femmes mariées sous le régime dotal ou » sous le régime de la communauté, ou de femmes sé- » parées de biens, avec les indications suffisantes pour

» assujettir la propriété de ces rentes à toutes les affec-
» tations, à toutes les conditions qui peuvent résulter,
» soit des dispositions de la loi, soit de celles des con-
» trats.

» Si les rentes ainsi affectées peuvent être aliénées, le
» transfert qui en est opéré, après l'accomplissement
» des formalités que la loi exige, les fait réinscrire au
» Grand-Livre, libres et disponibles, au nom des nou-
» veaux propriétaires.

» Quelquefois aussi, sans que le propriétaire change,
» ces rentes cessent d'appartenir à un incapable; si, par
» exemple, le mineur devient majeur, si la femme ma-
» riée devient veuve, dans ces deux cas l'immatricule
» de la rente est modifiée sur la réquisition des parties
» et sur la production de certificats constatant leur chan-
» gement d'état.

» Ces règles simples et précises, qui, depuis soixante
» ans, s'appliquent aux rentes sur l'Etat, ont pour elles
» la sanction de l'expérience et ont obtenu la confiance
» du public. Grâce à elles, les rentes, avec leur mode
» d'inscription, les formes simples et peu coûteuses de
» leur négociation, les immunités dont elles jouissent et
» les garanties solides qu'elles offrent, conviennent et se
» plient à toutes les natures de placement. On peut donc
» les acquérir, les posséder et les soumettre à toutes les
» conditions que le droit commun prescrit ou autorise.
» Il importe au crédit de l'Etat que rien ne puisse trou-
» bler la confiance qu'inspire avec raison cette législa-
» tion.

» Nous venons de rappeler que, par un arrêt du
» 20 novembre 1826, la Cour de Caen a décidé que le
» remploi de sommes dotales pouvait être fait en rentes
» sur l'Etat; d'autres arrêts ont également autorisé l'em-
» ploi en rentes de sommes dont le placement ou le
» remploi en immeubles était autorisé ou prescrit, soit
» par des contrats, soit par la loi elle-même, comme
» dans les cas prévus par les articles 1067 et 1558 du
» Code Napoléon. Mais quelquefois aussi les Cours et
» Tribunaux se sont prononcés en sens contraire, et,
» s'attachant rigoureusement à ce que les rentes sont
» meubles, ils ont jugé que l'achat de rentes sur l'Etat
» ne pouvait équivaloir au placement en immeubles.
» C'est ce qui a été jugé, notamment par un arrêt de
» la Cour de Rouen du 17 mai 1853. Cette divergence
» dans la jurisprudence est fâcheuse. Elle peut mettre
» obstacle à des achats de rentes qui auraient l'avantage
» de faciliter le classement de ces valeurs en France
» comme en Angleterre ; elle a des inconvénients plus
» réels pour les intérêts privés eux-mêmes.

» Le remploi en rentes du prix d'un immeuble dotal
» peut être indiqué par l'acquéreur, alors que les ven-
» deurs seront d'accord à cet égard : en pareille matière,
» il est bon que le droit de chacun soit nettement déter-
» miné. Les rentes ont l'avantage de se prêter plus
» facilement que les immeubles au placement à faire
» immédiatement, et souvent pour un temps indéter-
» miné, de sommes quelquefois minimes. C'est pour
» faire cesser les doutes qui résultent de la divergence

» de la jurisprudence que nous vous proposons d'insé- » rer dans la loi de finances un article portant que les » sommes dont le placement ou le remploi en immeu- » bles est prescrit ou autorisé par la loi, par un jugement, » par un contrat ou par une disposition entre vifs ou » testamentaire, peuvent être employées en rentes sur » l'Etat. Une disposition de cette nature n'est évidem- » ment pas d'ordre public, et les contrats peuvent tou- » jours y déroger. Elle n'a d'ailleurs rien d'impératif » et n'a pas pour objet de rendre le placement en rentes » obligatoire pour les parties, mais seulement de leur en » donner la faculté quand elles sont maîtresses de leurs » droits, ou de donner la même faculté aux Tribunaux » quand ils sont appelés à prononcer. Ainsi entendue, » la disposition proposée ne nous paraît susceptible » d'aucune objection fondée. » (M. Ad. Vuitry, président de la section des finances, rapporteur.— *Moniteur* du 8 avril 1859.)

La commission du budget crut devoir demander l'ajournement de cette mesure, et c'est seulement en 1862 qu'elle fut de nouveau proposée au Corps législatif.

59. La disposition, qui est devenue l'art. 46 de la loi du 2 juillet 1862, était d'abord l'art. 62 du projet de loi portant fixation du budget de 1863. Ce projet, présenté à la séance du 6 mars 1862 (*Moniteur* du 7), était précédé de l'exposé de motifs suivant :

« L'article 62 reproduit une disposition déjà soumise » au Corps législatif dans sa séance du 18 mars 1859, » comme disposition additionnelle à insérer dans le pro-

» jet de loi portant fixation du budget général des re-
» cettes et des dépenses de l'exercice 1860, et justifiée
» alors par un exposé de motifs spécial. Sur la demande
» formée par la commission du budget, l'examen en fut
» ajourné. En vous la soumettant de nouveau aujour-
» d'hui, nous devons nous borner à résumer très-som-
» mairement les considérations sur lesquelles elle est
» motivée.

» Les rentes sur l'Etat sont *meubles* aux termes de
» l'article 529 du C. Nap.; mais il résulte des lois
» et des règles spéciales qui leur sont applicables
» et qui déterminent soit leur mode d'inscription,
» soit leur mode de transmission, que ces rentes,
» avec les formes simples et peu coûteuses de leur
» négociation, les immunités dont elles jouissent et
» les garanties solides qu'elles offrent, conviennent et se
» plient, comme les immeubles, à toutes les natures de
» placements; qu'on peut les acquérir, les posséder et
» les transmettre à toutes les conditions que le droit
» commun prescrit ou autorise. Aussi, les Cours et les
» Tribuaux ont souvent autorisé le remploi en rentes, soit
» de sommes dotales, soit de sommes dont le placement
» ou le remploi en immeubles était autorisé ou prescrit
» par des contrats et par la loi elle-même, comme dans
» les cas prévus par les art. 1067 et 1558 du C. Nap.
» Mais quelquefois aussi les Cours et les Tribunaux se
» sont prononcés en sens contraire. Cette divergence dans
» la jurisprudence est fâcheuse; elle peut mettre obsta-
» cle à des achats de rentes qui auraient l'avantage de

» faciliter le classement de ces valeurs en France, comme
» cela a lieu en Angleterre ; elle a des inconvénients pour
» les intérêts privés eux-mêmes. En pareille matière, il
» est bon que le droit soit nettement déterminé ; c'est
» pour faire cesser les doutes que nous vous proposons
» d'insérer dans la loi de finances un article portant
» que les sommes dont le placement ou le remploi en im-
» meubles est prescrit ou autorisé par la loi, par un
» jugement, par un contrat ou une disposition entre
» vifs ou testamentaire, peuvent, à moins de clause
» contraire, être employées en rentes sur l'Etat.

» La rédaction indique que cette disposition n'est pas
» d'ordre public et que les contrats peuvent toujours y
» déroger. Elle n'a d'ailleurs rien d'impératif et n'a pas
» pour objet de rendre le placement en rentes obliga-
» toire pour les parties, mais seulement de leur en don-
» ner la faculté quand elles sont maîtresses de leur droit,
» ou de donner la même faculté aux Tribunaux quand
» ils sont appelés à prononcer. » (M. Ad. Vuitry, président de la section des finances, rapporteur.)

L'article proposé était ainsi conçu :

« Les sommes dont le placement ou le remploi en
» immeubles est prescrit ou autorisé par la loi, par un
» jugement, par un contrat ou par une disposition à
» titre gratuit entre vifs ou testamentaire, peuvent être
» employées en rentes 3 0/0 de la dette française, à moins
» de clause contraire.

» Dans ce cas, et sur la réquisition des parties, l'im-
» matricule de ces rentes au Grand-Livre de la dette

» publique en indique l'affectation spéciale.» (*Moniteur* du 12 mars 1862.)

Le projet nouveau ajoutait seulement à la rédaction de celui proposé en 1859 cette restriction, *à moins de clause contraire*.

60. La commission du budget (1) désigna, pour faire le rapport sur le budget ordinaire, M. Alfred Le Roux. Ce rapport, déposé à la séance du 3 juin 1862 (*Moniteur* du 4), justifie de la manière suivante la proposition d'adopter l'ancien article 62 devenu l'article 46 du projet rectifié.

« L'article 46 (ancien 62) a pour principal but de
» faciliter la jurisprudence des Tribunaux sans changer
» l'essence des rentes sur l'Etat qui sont déclarées meu-
» bles par l'article 529 du Code Napoléon; il permet de
» les admettre comme remploi dans les différents cas
» qu'il spécifie, à *moins de clause contraire*. On a

(1) Cette commission était composée de MM. Schneider, président; Chevandier de Valdrôme, Josseau, de Voize, secrétaires; O'Quin, le comte Le Peletier d'Aunay, Brame (Jules), Segris, Busson, le duc d'Albuféra, le comte de Flavigny, Devinck, Reveil, Faugier, Le Roux (Alfred), le baron de Ravinel, Corta, Gouin.

Les conseillers d'Etat, commissaires du gouvernement, chargés de soutenir la discussion du projet de loi étaient : MM. de Parieu, vice-président du conseil d'Etat; le général Allard, Boudet, Vuillefroy, Boinvilliers, Vuitry, présidents de sections; Godelle, de Lavenay, Petitet, Darricau, de Contencin, de Boureuille, de Franqueville, le baron de Roujoux, Lascoux, Herbet, E. Marchand, Thuillier, Mercier-Lacombe, Dupuy-de-Dôme, Barbier, Vandal et Pelletier, conseillers d'Etat. (*Moniteur* du 12 juin 1862.)

» considéré que le placement de ces rentes, inconnu ou
» très-restreint dans le passé, offrait dans le présent,
» par sa solidité, son inscription avec mention d'ina-
» liénabilité, sa transmission, ses immunités et sa négo-
» ciation simple et peu coûteuse, des avantages incon-
» testables et nécessaires dans certains cas. Ainsi
» personne n'ignore que le remploi en immeubles,
» particulièrement dans le Midi, offre souvent de
» réelles difficultés et de grandes lenteurs. Aussi les
» Cours et Tribunaux se sont souvent décidés pour le
» remploi en rentes, soit de sommes dotales, soit de
» sommes dont le remploi ou placement en immeubles
» était autorisé ou prescrit par des contrats ou par la
» loi elle-même. Il importe de permettre l'unité en
» pareille matière, et l'article ne fait, on doit le remar-
» quer, qu'ouvrir une faculté et non prescrire impéra-
» tivement une règle. En un mot, l'option sera libre,
» soit que les parties soient libres elles-mêmes, soit que
» les Tribunaux soient appelés à prononcer. Sous le
» bénéfice de ces observations, et convaincue que, sans
» porter atteinte à des intérêts respectables, et au con-
» traire en les servant, la faculté ouverte sera en même
» temps un avantage public, par le classement des
» titres, la commission vous propose d'adopter l'article
» 46 (ancien article 62). » (*Moniteur* du 12 juin 1862.

61. L'article 46 fut adopté sans discussion à la séance du 24 juin 1862 (*Moniteur* du 25). La rédaction proposée par le conseil d'Etat et approuvée par la commission fut maintenue.

C'est le 27 juin seulement que la loi de budget toute entière a été votée.

Lorsque la loi fut soumise au Sénat, à la séance du 1er juillet 1862 (*Moniteur* du 2), le rapport, présenté par M. le marquis d'Audiffret, ne contint aucune appréciation de l'article 46.

---

§ III.

Quel est le caractère de la loi du 2 juillet 1862? Est-ce une loi interprétative ; est-ce une loi rétroactive? Ses dispositions peuvent-elles être appliquées, lorsque la nécessité de l'emploi résulte d'un jugement, d'un contrat ou d'un acte de libéralité antérieurs à sa promulgation?

62. Bien que la loi du 2 juillet 1862, ainsi qu'il résulte des travaux préparatoires, ait été inspirée, entre autres considérations, par le désir de mettre un terme à des dissidences qui s'étaient produites dans la jurisprudence, elle ne doit pas néanmoins être considérée comme *interprétative*.

Les exposés de motifs et le rapport précités ne contiennent, en effet, la discussion d'aucun texte de loi. Il est formellement reconnu que les rentes ont toujours été meubles, et on n'a pas soutenu que l'immobilisation de celles qui auraient été affectées au remploi d'immeubles ait été permise à une époque quelconque. Les dispositions de la loi qui prescrivent des emplois en immeubles ne sont l'objet d'aucune appréciation. Rien n'indique, enfin, que le Corps législatif ait pensé que les décisions qui avaient refusé d'autoriser le remploi en rentes des sommes destinées à être placées en immeubles avaient mal interprété la loi.

On pourrait considérer l'art. 46 comme interprétatif s'il déclarait que les lois relatives aux rentes en autorisent l'immobilisation ; ou bien encore, si cet article, étant spécial aux cas dans lesquels l'emploi en immeubles est prescrit par une loi, décidait que ces textes ne s'opposent pas à ce que des valeurs susceptibles d'être rendues inaliénables soient acquises à la place d'immeubles. Il serait possible alors de reconnaître à des dispositions de cette nature un caractère interprétatif. Mais l'art. 46, nous le répétons, n'admet, ni pour le passé, ni pour l'avenir, la faculté d'immobiliser les rentes sur l'Etat, et il met entièrement sur la même ligne les lois, les jugements, les contrats et les actes de libéralité qui prescrivent un emploi en immeubles. Or, il est évident que la loi qui autorise l'acquisition de rentes, qu'elle considère comme meubles, alors que ce n'est pas seulement un texte de loi, mais aussi une disposition formelle d'un jugement, d'un contrat ou d'un acte à titre gratuit qui exige un emploi en immeubles, n'est pas interprétative. Il y a, au contraire, substitution d'un nouvel état de choses à celui qui résultait de la législation antérieure.

La loi du 2 juillet 1862 n'est donc pas interprétative.

C'était là un point utile à établir. Si, en effet, la loi nouvelle doit avoir des conséquences qui se feront sentir dans le passé, ce sera comme loi rétroactive et non comme loi interprétative. Cette distinction n'est pas sans importance.

Examinons maintenant si les dispositions de la loi du 2 juillet 1862 sont destinées à produire un effet rétroactif, c'est-à-dire si elles doivent, dans une mesure quelconque, exercer leur influence sur les actes accomplis avant la promulgation de cette loi.

63. Personne ne prétendra que la loi nouvelle est applicable aux emplois réalisés avant qu'elle ne soit devenue exécutoire, et que les Tribunaux devraient ou même pourraient tenir compte de la faculté qu'elle accorde pour apprécier la régularité de ces emplois. Il faudrait, pour qu'il en fût ainsi, que l'art. 46 pût être considéré comme interprétatif, et nous venons d'établir que tel n'est pas son caractère, qu'il modifie et qu'il n'interprète pas la législation antérieure. Une telle extension donnée aux dispositions de la loi ne présenterait pas d'ailleurs une utilité suffisante pour justifier une rétroactivité si complète et si nettement caractérisée. S'il peut être nécessaire, en effet, de favoriser les emplois pour l'avenir, il n'y a point le même intérêt à s'occuper de ceux déjà effectués. Aucune difficulté sérieuse ne peut s'élever sur ce point.

Mais nous pensons que l'art. 46 peut porter atteinte à des droits acquis et influer sur les faits accomplis avant le 2 juillet 1862, en ce sens qu'il permet de substituer un emploi en rentes à un emploi en immeubles, alors même que les jugements, les contrats ou les actes de libéralité, qui imposaient la nécessité du placement en immeubles, étaient antérieurs à la loi qui permet de leur substituer des rentes.

Nous établirons que les rédacteurs de la loi ont entendu qu'elle serait appliquée ainsi, sauf à constituer une disposition rétroactive.

64. Examinons d'abord si, en appliquant la loi nouvelle lorsque les actes qui prescrivent l'emploi sont antérieurs au 2 juillet 1862, on fait produire à cette loi un effet rétroactif.

On soutiendra peut-être que du moment où on n'applique l'art. 46 qu'à des emplois non-réalisés au moment de sa promulgation, on ne lui reconnaît aucune action rétroactive, bien que les actes en vertu desquels ces emplois ont dû s'effectuer remontent à une époque plus éloignée. On pourrait, en effet, à l'appui de cette opinion, présenter l'argumentation suivante :

Les lois nouvelles sont sans influence sur les actes qui, le jour où ces lois deviennent exécutoires, sont entièrement réalisés par l'accomplissement de toutes les conditions nécessaires à leur perfection. Ce sont là les actes que Merlin appelle *choses passées*, et qu'il considère comme étant à l'abri des conséquences des modifications apportées à la législation qui les régissait. Mais, au contraire, lorsqu'un acte manque d'une des conditions sans lesquelles il ne peut atteindre sa perfection et qu'il n'a pas une existence complète, lorsque les choses, selon l'expression de Merlin, au lieu d'être *passées*, sont encore *en suspens*, il n'y a pas de droit acquis ; la loi qui intervient peut les saisir pour présider à la fois à l'achèvement de l'acte et à son exécution. (Rép., v° *Effet rétroact.*) Or, les clauses d'un testament, d'un contrat ou d'un acte de libéralité, qui prescrivent un emploi de deniers, ne constituent, en quelque sorte, que la première partie d'une opération complexe, qui ne se terminera que par la réalisation de l'emploi. Les choses jusque-là sont encore en suspens; il n'y a pas de droit acquis. La loi qui vient, avant que l'emploi n'ait été effectué, modifier la législation en vigueur au moment où cet emploi a été stipulé, est immédiatement exécutoire et régit sa réalisation.

Dans le cas même où les dispositions qui prescrivent l'emploi seraient considérées comme ayant une existence complète, indépendamment de la réalisation, soit des circonstances qui donnent lieu à l'emploi, soit de cet emploi lui-même, qu'en résulterait-il? C'est que l'emploi serait également un acte ayant son existence complète, et qui devrait, dès lors, être régi par la loi en vigueur au moment où il s'accomplit. La loi du 2 juillet 1862, d'ailleurs, n'a modifié l'état de choses antérieur qu'en accordant, pour effectuer un emploi, une faculté qui n'existait pas auparavant, et une loi peut, sans rétroactivité, conférer une faculté nouvelle pour la réalisation d'un acte, même prescrit sous l'empire de la législation précédente.

Enfin, l'obligation de faire emploi d'une somme en acquisition de choses d'une espèce déterminée est une restriction apportée à la liberté de disposer. Aussi, les prescriptions de cette nature peuvent-elles quelquefois être considérées comme réglant la capacité des personnes. Il en est ainsi spécialement pour les femmes dotales, et les lois qui viennent, comme l'art. 46 de la loi du 2 juillet 1862, diminuer les entraves mises à leur droit de disposition présentent ce caractère. Or, il est admis que les lois qui régissent la capacité saisissent l'individu à l'instant même de leur émission et le rendent, dès ce moment, capable ou incapable ; que ce n'est pas là faire produire à la loi un effet rétroactif, parce que l'état des personnes touchant à l'intérêt public, le législateur doit toujours pouvoir le modifier selon les besoins de la société.

65. Aucun de ces arguments ne nous paraîtrait fondé. Nous pensons que si la loi du 2 juillet 1862 s'applique lorsque l'emploi en immeubles était prescrit avant sa promulgation, cette loi doit, dans une certaine mesure, être déclarée rétroactive.

L'obligation d'employer une somme en acquisition d'immeubles n'est pas ordinairement une stipulation isolée ; c'est une condition insérée dans un jugement, un contrat ou un acte de libéralité. Ces jugements, ces contrats, ces actes de libéralité ont, par eux-mêmes, une existence complète et créent immédiatement un droit au profit de ceux qui ont exigé l'emploi ou dans l'intérêt desquels cette obligation a été imposée. La condition d'emploi, aussi bien que les stipulations principales, constitue un lien de droit qui s'est entièrement formé à compter du jour du jugement, du contrat ou de la disposition à titre gratuit. Les autorisations, les conventions ou les donations dont l'emploi est la condition ne doivent peut-être leur existence qu'à la possibilité d'en prévenir les dangers ou d'en assurer les avantages au moyen d'une garantie de cette nature. On ne doit donc pas pouvoir diviser ces stipulations diverses, mais qui se lient et s'enchaînent presque toujours entre elles. Or, si les clauses d'emploi créent, du jour de l'acte qui les contient, un droit acquis, il n'est pas nécessaire, pour qu'elles soient à l'abri de l'éventualité des changements qui seraient apportés à la législation, que l'emploi ait été réalisé, ou même que l'événement qui doit le rendre nécessaire se soit accompli. Dès l'instant, en effet, qu'on ne pourrait, sans violer la chose jugée ou la loi du contrat, se dispenser d'effectuer l'emploi de la manière prescrite, une disposition législative ne saurait, sans rétroactivité, autoriser un autre mode d'exécution. Si une loi nouvelle peut régir les actes qui se réalisent depuis qu'elle est devenue exécutoire, c'est à la condition de ne point porter atteinte à des droits acquis.

On ne peut pas considérer l'art. 46 de la loi du 2 juillet 1862 comme une de ces dispositions qui viennent, dans l'intérêt général, régler la capacité des personnes. La détermination de la nature des biens qui peuvent être acquis pour se conformer à une clause d'emploi contenue dans les jugements, les contrats et les actes de libéralité, n'exerce, en effet, aucune influence sérieuse sur l'état et la capacité de ceux auxquels l'emploi est imposé.

Ces considérations seraient également applicables si la nécessité de l'emploi en immeubles résultait, comme, par exemple, aux cas de régime dotal ou de substitution, non d'une convention privée, mais d'un texte de loi. Les époux, en effet, en adoptant le régime dotal, ou le donateur, en faisant une substitution, ont implicitement inséré dans le contrat de mariage ou dans l'acte de libéralité toutes les dispositions de la loi que les stipulations de cette nature rendent obligatoires, par cela seul qu'il n'y a pas été dérogé. Il importe peu, au point de vue où nous nous plaçons, que l'emploi en immeubles soit prescrit par une clause expresse ou par un texte de loi devenu applicable par suite d'une convention privée. Dans l'un et l'autre cas, on ne peut, sans violer la loi du contrat, se dispenser de faire l'emploi, et de se conformer, pour le réaliser, à la loi en vigueur au jour de l'acte.

La réserve qui termine le 1er § de l'art. 46, pour le cas où le jugement, le contrat ou l'acte de libéralité contiendraient une *clause contraire* à l'emploi en rentes, n'enlève pas à cette loi, si elle est appliquée aux dispositions antérieures à sa promulgation, son caractère rétroactif. Cette réserve diminue sans doute les inconvénients de la rétroactivité ; mais elle la laisse subsister; elle n'empêche pas, en effet, que la loi nouvelle autorise l'emploi en rentes, alors que l'acte en vertu duquel l'emploi devait avoir lieu en immeubles s'est réalisé sous l'empire d'une législation qui, d'une part, considérait les rentes comme meubles, et, d'autre part, ne permettait pas de faire un emploi en meubles, dans le cas où la loi ou la convention prescrivaient qu'il serait fait en immeubles.

66. Mais d'ailleurs, et c'est ce qui nous dispense d'insister davantage sur cette question, quelle que soit la solution qu'on adopte, il n'en faudrait pas moins recon-

naître que l'art. 46 de la loi du 2 juillet 1862 permet d'employer en rentes sur l'Etat les sommes dont le placement en immeubles est prescrit par un jugement, un contrat ou un acte de libéralité antérieurs à sa promulgation.

Le législateur, en effet, peut faire des lois rétroactives; or, ainsi que nous l'avons déjà dit, il a voulu que la loi nouvelle soit applicable lorsque la nécessité de l'emploi en immeubles résulte d'un acte réalisé avant le 2 juillet 1862, alors même qu'ainsi appliquée cette loi devrait être considérée comme rétroactive.

Une telle extension donnée à la loi présente sans aucun doute de sérieux inconvénients, puisqu'elle a pour résultat de permettre l'emploi en rentes, alors que les parties en stipulant avaient dû compter que ce mode d'emploi serait interdit. De plus, et c'est là une conséquence très-regrettable de la rétroactivité, les parties qui rédigeront maintenant des contrats ou des actes quelconques donnant lieu à un emploi seront dans une position beaucoup plus favorable que ceux qui auront rédigé les mêmes contrats ou les mêmes actes antérieurement à la loi nouvelle. L'attention des premiers, en effet, aura été appelée sur la nécessité d'ajouter une clause exclusive de l'emploi en rentes que les seconds auront considérée comme inutile, dans tous les cas où la législation alors en vigueur suffisait pour prohiber l'emploi en rentes.

Nous pensons cependant que, malgré tous les inconvénients inhérents à la rétroactivité, les rédacteurs de la loi du 2 juillet 1862 ont entendu que ses dispositions s'appliqueraient aux contrats et aux actes antérieurs.

67. Il résulte d'abord de l'exposé de motifs du projet de loi présenté au Corps législatif en 1859, reproduit ci-dessus (nº 58), que la pensée qui avait dicté la disposition proposée était de mettre fin à la divergence qui existait dans la jurisprudence, et de faire cesser tous les doutes sur le point de savoir si l'on pouvait employer en rentes les sommes dont le placement en immeubles était prescrit par la loi, un jugement, un contrat ou un acte de libéralité. On trouve la même pensée, formulée dans des termes à peu près identiques, dans l'exposé de motifs du nouveau projet présenté en 1862 et dans le rapport auquel cette proposition a donné lieu (nºs 59 et 60).

Ce but n'eût point été atteint ou ne l'eût été, du moins, que d'une manière bien incomplète, si la mesure projetée n'avait dû s'appliquer qu'aux jugements, aux contrats et aux dispositions à titre gratuit postérieurs à la loi. Les contrariétés de décisions, les incertitudes auxquelles on voulait mettre un terme, auraient encore subsisté pendant un très-grand nombre d'années. Il allait donc, pour que la disposition proposée produisît es résultats qui étaient attendus, lui donner une portée pus grande, et étendre la faculté nouvelle qu'elle accordait aux emplois qui seraient effectués en vertu de décisions ou de stipulations intervenues sous l'empire de la législation précédente.

68. Si maintenant on interroge le texte même de

l'art. 46, on voit que, par la généralité de ses termes, il s'applique aussi bien aux cas où l'obligation de l'emploi en immeubles a été imposée antérieurement à la loi du 2 juillet 1862, qu'à celui où elle ne l'a été que postérieurement. Ce sont toutes les sommes dont le placement en immeubles *est* prescrit par la loi, par un jugement, par un contrat ou par une disposition à titre gratuit, qui pourront être employées en rentes. C'est là une formule très-générale, qui peut comprendre les cas dans lesquels le placement en immeubles est prescrit au moment de la promulgation de la loi.

Cet argument de texte ne serait pas, à lui seul, très-concluant, et ne suffirait pas pour permettre de donner à l'art. 46 une interprétation qui lui ferait produire un effet rétroactif; mais il faut remarquer que nous ne prétendons pas qu'il résulte des termes de l'art. 46 que les dispositions qu'il contient peuvent rétroagir dans le passé, mais seulement que ces termes ne s'opposent point à une interprétation à laquelle conduit nécessairement l'étude des travaux préparatoires de la loi.

Il eût été certainement à désirer que l'art. 46 fût plus explicite sur ce point. La rétroactivité, comme toutes les dispositions exceptionnelles et dérogatoires au droit commun, ne se présume pas, et, s'il n'est point indispensable que la loi contienne à cet égard une déclaration formelle, du moins faut-il que la volonté du législateur soit clairement manifestée. Mais ici on se trouve dans cette alternative, ou de reconnaître à l'art. 46, bien que son texte manque de précision, une portée rétroactive, ou de se mettre en opposition avec la pensée qui a inspiré la loi, en ne tenant aucun compte des vues exprimées par ses rédacteurs et du but qu'ils se sont proposé d'atteindre.

Ce qui, d'ailleurs, peut expliquer tout à la fois qu'on n'ait pas cru devoir, dans la rédaction de l'art. 46, déclarer d'une manière expresse que cette disposition rétroagirait, et que la rétroactivité elle-même ait été admise sans discussion, et en quelque sorte implicitement, c'est qu'on a pu penser que l'application de l'art. 46 aux clauses d'emploi stipulées avant la loi ne constituait pas une rétroactivité proprement dite, et que, du reste, la rétroactivité, dans le cas particulier dont il s'agissait, ne présentait pas tous les inconvénients ordinaires des mesures de ce genre. Il est certain, en effet, que ces inconvénients sont diminués par suite de cette double circonstance, d'une part, que l'emploi en rentes n'est plus autorisé lorsqu'il y a clause contraire; et, d'autre part, que la loi nouvelle qui confère une faculté, sans édicter aucune prescription obligatoire, et qui ne s'applique pas aux emplois déjà réalisés, ne peut avoir pour conséquence d'entraîner la nullité d'actes consommés.

Il faut ajouter que, dans la pensée des rédacteurs de la loi, la rétroactivité pouvait encore se justifier par cette considération que la disposition nouvelle, à un point de vue très-important, touchait à l'intérêt public. On a vu, dans les deux exposés de motifs de 1859 et de 1862, que la divergence des cours sur la question de l'emploi en rentes était regrettable, notamment parce qu'elle mettait obstacle à des achats de rente, qui auraient l'avantage de faciliter le classement de ces valeurs en France comme en Angleterre. On doit reconnaître, en effet, que l'influence attribuée à la loi nouvelle sur le cours de la rente est incontestablement un des motifs qui l'ont fait présenter.

69. Quoi qu'il en soit, il nous paraît constant que l'art. 46 autorise l'emploi en rentes des sommes dont le placement en immeubles était prescrit avant la promulgation de la loi du 2 juillet 1862.

Il ne suit pas de là, bien entendu, que l'époque à laquelle la disposition relative à l'emploi aura été rédigée n'ait aucune importance. Il arrivera fréquemment que les clauses prescrivant un emploi seront obscures et que la pensée des parties ne sera point nettement manifestée. Les Tribunaux, on le conçoit, pourront alors être portés à admettre plus facilement l'interprétation qui conduit à constater l'existence d'une clause contraire à l'emploi en rentes, lorsque les parties auront stipulé, sous l'empire d'une législation qui prohibait ce mode d'emploi, que dans le cas où les actes ont été rédigés postérieurement à la loi du 2 juillet 1862. Mais nous avons tenu à établir qu'en thèse générale et abstraction faite de la question de savoir si on se trouve en présence de la clause contraire réservée par l'art. 46, la faculté accordée par cet article existe alors même que l'emploi était prescrit avant la loi nouvelle.

70. Les décisions judiciaires déjà intervenues, les

jurisconsultes qui ont étudié la loi du 2 juillet 1862 n'ont pas hésité à en appliquer les dispositions aux clauses d'emploi insérées dans les jugements, les contrats et les actes antérieurs.

La Cour de Caen, par arrêt du 6 août 1862, a autorisé le remploi en rentes du prix d'un immeuble dotal, alors que le contrat de mariage était de beaucoup antérieur à la loi du 2 juillet 1862. C'est pendant l'instance ayant pour objet de faire réaliser le remploi, et après le jugement de première instance, que cette loi avait été promulguée. (*J. not.*, art. 17686; *Journal du notariat*, n° du 14 février 1863).

Un jugement du Tribunal de la Seine, en date du 30 janvier 1863, a autorisé un remploi en rentes en présence d'une clause de remploi en immeubles insérée dans un testament remontant à 1828. (*Jurisp. du not.*, art. 12169; *Journal du notariat*, n° du 25 février 1863.)

Les Tribunaux de Marseille et de Die se sont également prononcés en ce sens par jugements des 4 et 17 février 1863 (*Journal du notariat*, n°s des 15 juillet 1863 et 9 janvier 1864).

Un arrêt de la Cour de Paris, du 27 mars 1863, a également déclaré valable un remploi en rentes, bien que la clause qui le rendait nécessaire se trouvât dans un contrat de mariage en date du 8 juillet 1821 et antérieur, par suite, non-seulement à la loi du 2 juillet 1862, mais encore à la création de la rente 3 0/0. Le jugement du Tribunal de première instance, en date du 14 février 1863, infirmé par cet arrêt, n'avait refusé d'autoriser le remploi en rentes que parce qu'il avait vu dans le contrat de mariage une clause contraire à ce mode de remploi (S. 63, 2, 179; *J. not.*, art. 17682 ; *Journal du notariat*, n° du 6 mai 1863). Nous aurons, du reste, à revenir sur toutes ces décisions.

La Jurisprudence du notariat (art. 12169), *le Journal des Notaires* (art. 17506 et 17561), M. Bertin (n° du *Droit* du 18 août 1862), le *Journal du notariat* (n°s des 3 septembre et 22 novembre 1862), M. Duverdy (*Gazette des Tribunaux* du 14 août 1862) admettent que cette circonstance que le jugement, le contrat ou l'acte en vertu duquel il doit être procédé à un emploi, sont antérieurs à la loi du 2 juillet 1862, ne suffit pas pour empêcher que l'art. 46 ne soit applicable, sauf, dans ce cas, à reconnaître plus facilement l'existence d'une clause contraire à l'emploi en rentes. C'est seulement quand on cherche à déterminer ce qu'on doit entendre par clause contraire au placement en rentes que commencent les dissidences.

§ IV.

La loi du 2 juillet 1862 a-t-elle conféré aux Tribunaux appelés à se prononcer sur l'admissibilité de l'emploi en rentes, un pouvoir discrétionnaire qui ne leur appartenait pas sous la législation antérieure, pour la solution des questions de même nature.

71. L'exposé de motifs présenté à l'appui du projet de loi proposé en 1859 contenait le passage suivant : « La rédaction indique que cette disposition n'est pas » d'ordre public et que les contrats peuvent toujours y » déroger. Elle n'a, d'ailleurs, rien d'impératif et n'a » pas pour objet de rendre le placement en rentes » obligatoire pour les parties, mais seulement de leur » en donner la faculté, quand elles sont maîtresses de » leurs droits, ou de donner la même faculté aux Tribu- » naux quand ils sont appelés à prononcer. » Ces considérations étaient invoquées en termes identiques dans l'exposé de motifs du projet de loi présenté en 1862.

Le rapporteur de la loi, en 1862, interprétait de la même manière la disposition projetée : « Il importe, » disait-il, de permettre l'unité en pareille matière, et » l'article ne fait, on doit le remarquer, qu'ouvrir une » faculté et non prescrire impérativement une règle. » En un mot, l'option sera libre, soit que les parties » soient libres elles-mêmes, soit que les Tribunaux » soient appelés à prononcer. »

Ce sont sans doute ces déclarations des exposés de motifs et du rapport qui ont déterminé le Tribunal de la Seine à décider, par le jugement déjà cité du 30 janvier 1863, que la loi du 2 juillet 1862 conférait aux juges un pouvoir discrétionnaire qu'ils n'avaient certainement pas sous l'empire de la législation précédente. Il importe de bien préciser quelles seraient, dans la pensée du Tribunal, la nature et l'étendue de ce pouvoir. (*Jurisp. du Not.*, art. 12169; *Journal du Notariat*, n° du 25 février 1863).

72. La difficulté sur laquelle est intervenu le jugement du 30 janvier 1863 se présentait dans les circonstances suivantes :

Un testateur avait, par une disposition alors permise, donné ses biens à ses petits-neveux, à charge de les conserver et de les rendre à leurs enfants nés et à naître. Une clause formelle du testament portait que si les biens légués venaient à être aliénés, le prix serait employé « *en immeubles ruraux non bâtis.* » Le legs était fait à titre alimentaire. Le grevé de substitution forma une demande à l'effet d'obtenir l'autorisation de vendre des immeubles faisant partie des biens légués et d'en employer le prix en acquisition de rentes. Le tuteur à la substitution ne s'opposa point à ce que cette demande fût accueillie; mais le ministère public vit, dans la disposition qui indiquait l'espèce particulière des immeubles devant être acquis en remploi, une clause contraire au placement en rentes du prix des biens aliénés. Le grevé de substitution soutint que c'était seulement dans le cas où l'emploi en rentes avait été *expressément* prohibé qu'il pouvait y avoir clause contraire. Il faisait, en outre, valoir cette considération de fait qu'il était dans une situation nécessiteuse, et que le remploi en rentes, qui augmenterait son revenu, présenterait pour lui de très-grands avantages.

En présence de ces deux prétentions opposées, le Tribunal déclare, en fait, que les immeubles dont il s'agit « ne donnent qu'un revenu disproportionné avec le » capital qu'ils représentent et insuffisant pour subve- » nir aux besoins du grevé et de ses enfants ; qu'en em- » ployant le prix de ces immeubles en acquisition de » rentes sur l'Etat, on aura l'avantage d'augmenter ce » revenu, ce qui remplira d'autant mieux les intentions » du testateur, que le caractère alimentaire du legs sera » encore mieux conservé et sa nature d'insaisissabilité » parfaitement respectée. »

Et, en droit : « que la loi du 2 juillet 1862 laisse aux » Tribunaux un pouvoir discrétionnaire qui leur per- » met d'accueillir le remploi en rentes sur l'Etat dans » tous les cas où un remploi en immeubles est prescrit » par une loi, un jugement ou une libéralité. »

Tels sont les motifs sur lesquels le Tribunal s'est fondé pour autoriser le placement en rentes.

73. Il résulte de cette décision que la loi du 2 juillet 1862 n'aurait pas eu pour seule conséquence d'autoriser l'emploi en rentes des sommes qui devaient être placées en immeubles, mais qu'elle aurait encore investi les juges d'un pouvoir discrétionnaire entièrement en

dehors du droit commun. La question soulevée par les conclusions respectivement prises pouvait, en effet, se formuler ainsi : la disposition d'un testament portant qu'un prix d'immeubles serait employé *en immeubles ruraux non bâtis* constitue-t-elle une clause contraire au remploi en rentes? Pour trouver la solution de cette difficulté, le Tribunal ne recherche pas si, en thèse générale, ou même dans l'espèce particulière qui lui était soumise, une disposition de la nature de celle contenue dans le testament était exclusive d'un remploi en rentes. Il n'appuie pas sa décision sur le droit qui appartient aux juges d'interpréter les dispositions obscures ou ambiguës et de fixer le sens que les parties ont entendu leur donner. Il se borne, d'une part, à déclarer que l'emploi en rentes permettra de réaliser les avantages que le disposant avait l'intention de conférer au gratifié, et, d'autre part, à constater l'existence du pouvoir discrétionnaire que les juges tiennent de la loi du 2 juillet 1862.

Le jugement du 30 janvier 1863 reconnaît donc aux Tribunaux le droit de décider qu'il n'y a pas clause contraire à l'emploi en rentes et d'accueillir ce mode d'emploi toutes les fois que, dans leur pensée, on réalisera en procédant ainsi des avantages identiques à ceux résultant de l'emploi qui avait été prescrit. C'est attribuer aux juges la faculté de substituer leur appréciation à celle faite par les parties qui ont exigé, par un motif quelconque, et que personne n'a le droit de réviser, un emploi déterminé ; c'est leur donner le pouvoir d'arriver au but qu'ils pensent que les parties ont voulu atteindre en employant d'autres moyens. C'est, enfin, accorder précisément aux Tribunaux chargés d'appliquer les dispositions de l'art. 46 de la loi du 2 juillet 1862 ce pouvoir discrétionnaire qui ne leur appartenait pas auparavant, ainsi que nous l'avons établi dans la première partie (§ 2, n°s 5 à 16), et en vertu duquel ils pourraient substituer au mode d'emploi prescrit un autre mode qui leur paraîtrait présenter les mêmes avantages ou des avantages plus grands.

Cette interprétation de la loi du 2 juillet 1862, si elle était admise, aurait des inconvénients graves ; mais nous ne pensons pas que la jurisprudence adopte un système qui est en opposition tout à la fois avec l'esprit et avec les termes de la loi. C'est ce que nous allons démontrer.

74. Si la possibilité d'effectuer un emploi en rentes ou la question d'existence de la clause contraire dépend du point de savoir, non pas si les parties, en prescrivant un emploi déterminé, ont prohibé l'emploi en rentes, mais si, dans chaque espèce, ces valeurs présentent les avantages qui avaient engagé les parties à choisir des biens d'une autre nature, il en résultera une diversité de jurisprudence dont nous avons signalé les dangers dans la première partie (§ 2, n° 8). Des contrats de mariage, des donations, des testaments contenant des clauses d'emploi conçues dans des termes identiques, pourront cependant donner lieu à des décisions différentes. L'admission de la rente sera, en effet, subordonnée à une

foule de circonstances, telles que la nécessité d'augmenter le revenu, de pouvoir le toucher facilement malgré des déplacements fréquents, de posséder une fortune d'une gestion aisée, etc. La rente, au contraire, ne sera point admise, si l'intérêt dominant paraît être celui de la stabilité de la valeur du capital; ou bien encore si, à raison de la situation particulière ou de la profession du possesseur de la somme à employer, la propriété d'immeubles, soit ruraux, soit de ville, lui est nécessaire ou seulement profitable. L'opinion personnelle du juge, sa préférence pour les valeurs mobilières ou pour les immeubles, auront aussi une réelle et très-légitime influence sur la décision. On conçoit parfaitement que les magistrats, dans l'intérêt des justiciables, soient portés à user de leur pouvoir discrétionnaire, en déclarant clause contraire à l'emploi en rentes toutes celles qui prescrivent l'acquisition de biens qu'ils considèrent comme constituant un meilleur placement. Il deviendra donc extrêmement difficile de prévoir d'avance si l'emploi en rentes sera déclaré valable.

Il faut remarquer, en outre, que la Cour de cassation se trouverait dans l'impossibilité d'exercer aucun contrôle sur les décisions des Tribunaux et des Cours. Les jugements et les arrêts rendus sur des questions de cette nature reposeraient presque toujours sur une appréciation de circonstances de fait qu'il est interdit à la Cour de cassation de réviser, et les Cours impériales pourraient avoir des jurisprudences différentes, sans qu'une autorité supérieure ait le droit d'intervenir pour rétablir l'unité.

On doit reconnaître, sans doute, que si la question d'admissibilité de l'emploi en rentes n'était pas subordonnée à l'appréciation des avantages respectifs de ce mode de placement et de celui prescrit, mais seulement à l'existence de la clause contraire, la solution resterait encore quelquefois incertaine. L'interprétation des actes prescrivant un emploi pourra présenter, en effet, des difficultés ; il arrivera fréquemment peut-être que la question de savoir si les clauses du contrat s'opposent au placement en rentes sera très-délicate. Mais, du moins, on pourra préciser les clauses qui, en thèse générale, sont considérées comme exclusives de l'emploi en rentes, et celles qui se concilient ordinairement avec ce mode d'emploi. Il sera possible de poser quelques règles qui serviront, sans qu'il soit nécessaire d'avoir recours à l'intervention du juge, à résoudre le plus grand nombre des difficultés qui se présenteront, et c'est ce que nous allons bientôt nous efforcer de faire. Les décisions des Tribunaux ne pourront pas être différentes en présence de stipulations conçues dans les mêmes termes et intervenues dans des circonstances identiques. La Cour de cassation, qui peut examiner si en voulant interpréter un acte on n'en a pas méconnu le sens, et si des dispositions, qui sont la loi des parties, n'ont point été violées, exercera plus efficacement son contrôle; elle ne sera plus arrêtée au même degré par l'appréciation des juges du fait, et elle pourra maintenir ainsi l'uniformité de jurisprudence.

Le pouvoir discrétionnaire qui appartiendrait aux Tribunaux présenterait, dans beaucoup de cas, une utilité incontestable. Il serait parfois à désirer qu'il fût possible de laisser le choix des valeurs qui doivent servir d'emploi à l'appréciation éclairée des magistrats. Mais les inconvénients de ce système sont plus grands que les avantages qu'il peut offrir.

L'incertitude qui résulterait de l'extrême difficulté de prévoir d'avance si un emploi en rentes sera déclaré régulier, difficulté augmentée par la diversité des décisions judiciaires, serait, en effet, préjudiciable à tous les intérêts engagés dans les questions d'emploi. On arriverait fatalement à cette conséquence qu'aucun débiteur ou détenteur de sommes qui, d'après la loi, un jugement, un contrat ou une disposition à titre gratuit, doivent être placées en immeubles, ne voudrait payer ou se dessaisir, lorsque l'emploi proposé consisterait en rentes, sans qu'un jugement passé en force de chose jugée eût décidé que des valeurs de cette nature pouvaient être admises. De là, des frais et des lenteurs regrettables. Il est également certain que cet état de choses serait extrêmement contraire à l'acquisition des rentes, que le législateur a voulu favoriser.

75. Si maintenant on considère que les rédacteurs de la loi du 2 juillet 1862 se sont proposé de mettre un terme à des divergences de la jurisprudence qui préjudiciaient aux intérêts privés et mettaient obstacle

au classement des rentes, on reste convaincu que l'art. 46 n'a pas conféré aux Tribunaux un pouvoir discrétionnaire de la nature de celui que leur a reconnu le Tribunal de la Seine.

Lorsque les auteurs de l'exposé de motifs de la loi et du rapport déclaraient que les Tribunaux auraient la *faculté* d'autoriser l'emploi en rentes, ils n'entendaient en aucune manière leur reconnaître un pouvoir exceptionnel et contraire au droit commun. Il n'est pas nécessaire que les Tribunaux aient été investis d'un semblable pouvoir pour qu'il se présente des circonstances dans lesquelles ils auront la faculté d'accueillir ou de ne point admettre le placement en rentes. Les ayants droit à des sommes dont il doit être fait emploi peuvent demander à être autorisés à les recevoir, et, en même temps, s'en rapporter à la justice en ce qui concerne le mode d'emploi ; les Tribunaux seront quelquefois appelés à imposer, pour la conservation d'une somme, certaines précautions que les parties n'auront pas spécifiées ; les juges auront alors réellement la faculté dont il est question dans l'exposé de motifs et le rapport. Mais cette faculté, bien entendu, n'existe plus, lorsqu'il y a clause contraire à l'acquisition de rentes.

Il faut bien admettre, d'ailleurs, qu'il est un cas dans lequel la faculté revendiquée par le Tribunal de la Seine ne saurait appartenir aux juges. Si la clause contraire s'oppose à l'acceptation de l'emploi en rentes, il est certain, en sens inverse, que l'absence de cette clause doit obliger les juges à autoriser ce mode d'emploi. Lorsque les parties, maîtresses ou non de leurs droits, demanderont que l'emploi soit effectué en rentes, et qu'il n'y aura pas clause contraire, dira-t-on que les Tribunaux ont un pouvoir discrétionnaire qui leur permet de refuser de reconnaître la validité du placement en rentes? Evidemment non. Il faudrait cependant aller jusque-là dans le système admis par le jugement du 30 janvier 1863.

On doit donc tenir pour certain que les Tribunaux n'ont point été investis par la loi du 2 juillet 1862 d'un pouvoir discrétionnaire d'une nature exceptionnelle; qu'ils ne peuvent admettre l'emploi en rentes qu'autant qu'il n'y a pas clause contraire; et que, pour décider si cette clause n'existe pas, ils ne doivent point se demander si l'emploi en rentes permet de réaliser les avantages que les parties ont eu pour but d'obtenir, mais rechercher si celles-ci n'ont pas explicitement ou implicitement interdit l'emploi en rentes.

On remarquera, du reste, que cette idée d'un pouvoir discrétionnaire, accordé aux juges par la loi du 2 juillet 1862, ne se retrouve plus dans un autre jugement du Tribunal de la Seine du 14 février 1863, qui reconnaît qu'un contrat de mariage contenait une clause exclusive de l'emploi en rentes s'opposant à l'application de la loi nouvelle. L'arrêt de la Cour de Paris, du 23 mars 1863, qui infirme ce jugement, n'invoque pas davantage un pouvoir discrétionnaire appartenant aux juges du fait. (S. 63, 2, 179; *J. Not.*, art. 17682; *Journal du Notariat*, n° du 6 mai 1863.)

Il en est de même, enfin, du jugement du Tribunal de

Marseille du 4 février 1863 (*Journal du Notariat*, n° du 15 juillet 1863), ainsi que des autres décisions judiciaires qui, à notre connaissance, ont eu à faire l'application de la loi du 2 juillet 1862.

---

§ V.

Les rentes sur l'Etat sont-elles devenues susceptibles d'immobilisation?

76. Cette question ne peut soulever aucune difficulté sérieuse. Il est certain que la loi du 2 juillet 1862 n'a ni conféré, ni permis de conférer l'immobilisation aux rentes affectées à l'emploi des sommes destinées à être placées en immeubles.

Le texte de l'art. 46 ne contient pas un seul mot d'où il soit possible d'induire la création d'une nouvelle et si fréquente cause d'immobilisation de la rente. Le rapport présenté sur le projet de loi s'explique, d'ailleurs, très-formellement à cet égard. La première phrase ne laisse aucune incertitude ; on a vu qu'elle était ainsi conçue : « L'art. 46 a pour principal but de faciliter la jurisprudence des Tribunaux, *sans changer l'essence des rentes sur l'Etat qui sont déclarées meubles* par l'art. 529 du Code Napoléon » (nº 60). Il eût été, en effet, nécessaire si les rentes avaient été déclarées immobilisables à la volonté des titulaires, d'apporter des modifications à la législation relative à la dette publique, et l'on n'a pas cru devoir s'engager dans cette voie.

Aussi, lorsque la Cour de Paris, dans son arrêt du 27 mars 1863, déclare que « l'art. 46 de la loi du 2 juillet » 1862 a eu pour but d'assimiler aux placements immo» biliers les remplois en rentes françaises 3 p. 100,

» comme les décrets des 16 janvier et 21 décembre » 1808 l'ont fait à l'égard des actions de la Banque, » elle n'entend certainement pas dire que l'assimilation est complète, en ce sens que les rentes sont devenues, comme les actions de la Banque, susceptibles d'une véritable immobilisation. La Cour, sans aucun doute, a seulement voulu constater que l'une et l'autre de ces valeurs pouvaient, au point de vue du remploi, tenir lieu d'immeubles corporels. (S. 63, 2, 179; *J. not.*, art. 17682; *Journal du notariat*, n° du 6 mai 1863).

Nous croyons inutile d'insister davantage sur ce point.

§ VI.

Quelles sont les stipulations qui doivent être considérées comme constituant la clause contraire à l'emploi en rentes? — Considérations générales. — Division.

77. Nous ne prétendons pas qu'il soit possible de déterminer d'une manière absolue quelles sont, parmi les stipulations si diverses qui accompagnent les dispositions prescrivant un emploi, celles qui doivent être considérées comme constituant *la clause contraire* à l'emploi en rentes. Il pourra quelquefois arriver, d'ailleurs, que les mêmes stipulations recevront des interprétations différentes, et qu'elles seront ou ne seront pas exclusives de l'emploi en rentes, selon que les autres clauses des actes auront ou n'auront pas révélé des intentions incompatibles avec ce mode d'emploi.

Mais on peut, nous le pensons, poser certaines règles permettant de résoudre la plupart des difficultés qui se présenteront. Il est possible de grouper les clauses les plus usuelles en un petit nombre de catégories, et toutes celles rentrant dans la même catégorie peuvent être déclarées ordinairement, et à moins de circonstances spéciales, exclusives ou non exclusives de l'emploi en rentes.

Il serait utile que ces règles générales, nettement formulées, fussent bien admises par la jurisprudence. Les parties intéressées pourraient ainsi savoir d'avance quelles sont les clauses habituellement considérées comme compatibles avec un emploi en rentes. Il leur serait possible, dès lors, toutes les fois que des clauses de cette nature se rencontreraient, et que, ni les autres stipulations des actes, ni des circonstances particulières, ne révéleraient une intention contraire, d'admettre l'emploi en rentes, en évitant les frais et les lenteurs d'une décision judiciaire.

C'est là un résultat qu'on doit espérer atteindre. On peut poser non-seulement des règles pratiques, dont les Cours impériales assureront l'application uniforme dans toute l'étendue de leur ressort, mais encore préciser de véritables règles de droit que la Cour de cassation aurait la mission de faire observer dans toute la France.

La loi du 2 juillet 1862 ne produira tous les avantages qu'on doit en attendre que du jour où elle aura été mise à exécution avec assez d'unité pour que les débiteurs ou les détenteurs des sommes dont il doit être fait emploi puissent savoir, dans la plupart des cas, s'ils n'engagent pas leur responsabilité en acceptant des rentes, sans qu'un jugement ait approuvé ce mode d'emploi.

Nous commencerons par exposer les différentes interprétations qui ont été données à la réserve, *à moins de clause contraire* (§ 7, nos 78 à 85).

Nous indiquerons ensuite celle que nous croyons conforme au texte et à l'esprit de la loi (§§ 8 à 13, nos 86 à 108).

§ VII.

Interprétations diverses données à la réserve, à moins de clause contraire.

78. Un système très-radical s'est produit. On a soutenu que les seules clauses qui devaient être considérées comme contraires à l'emploi en rentes étaient celles qui prohibaient, en termes exprès, ce mode d'emploi. Ainsi, toutes les fois que les dispositions qui prescrivent un emploi n'auraient pas exclu *nominativement* la rente, la clause contraire n'existerait pas, et le placement en valeurs de cette nature devrait être autorisé, sans qu'il y eût à distinguer si c'était antérieurement à la loi du 2 juillet 1862, ou après sa promulgation, que les actes avaient été rédigés.

Telle est l'opinion émise par MM. Duverdy (*Gazette des Tribunaux* des 14 et 20 août 1862); Bouinais (*Dissertation sur les avantages des placements en rentes sur l'Etat*, rapportée dans le *Moniteur* du ; le *J. Not.*, art. 17559, et le *Journal du Notariat*, n° du 5 novembre 1862); Valluaud, secrétaire de la Chambre des notaires de Saint-Yrieix (*J. Not.*, art. 17561).

79. Le *Journal des Notaires* (art. 17506, 17561 et 17647); *la Jurisprudence du Notariat* (art. 12169); M. Ducruet, président de la Chambre des notaires de Lyon (*J. Not.*, art. 17506), ont interprété autrement la

réserve qui termine le § 1er de l'art. 46 de la loi du 2 juillet 1862. C'est surtout au point de vue du régime dotal et du remploi de la dot que la question a été traitée ; mais les solutions données peuvent se généraliser ; nous les résumerons ainsi :

Trois hypothèses doivent être prévues : 1° Les époux sont mariés sous le régime dotal pur, sans qu'une clause spéciale ait trait au cas de remploi ou, du moins, sans que la nature des biens qui devraient être acquis en remploi ait été désignée.

2° Une clause du contrat de mariage porte que le remploi sera effectué en *immeubles*.

3° Le remploi doit avoir lieu en immeubles d'une espèce déterminée, par exemple, en immeubles *de même nature*, ou *de même bonté*, ou *de même valeur*, ou en *biens ruraux*, etc.

Dans le premier cas, et sans qu'il y ait à examiner si le contrat a été rédigé avant ou après la promulgation de la loi du 2 juillet 1862, le remploi en rentes doit être autorisé ; il n'y a pas clause contraire.

Dans le second cas, une distinction doit être faite.

Si la clause prescrivant le remploi en immeubles est antérieure à la loi nouvelle, le remploi en rentes ne sera pas possible. Une stipulation de cette nature était en effet, au moment où elle est intervenue, exclusive du remploi en rentes. Il existe donc un droit acquis que la restriction résultant des mots, *à moins de clause contraire*, a précisément pour but de respecter.

Si le contrat est postérieur à la loi du 2 juillet 1862,

le remploi en rentes sera permis. Les parties s'étant bornées à prescrire le remploi en immeubles, en présence d'une loi dont elles sont présumées connaître les dispositions, et qui autorise le remploi en rentes des sommes destinées à être placées en immeubles, elles doivent être considérées comme ayant accepté le remploi en rentes. Si telle n'a pas été leur intention, elles doivent s'imputer de ne point avoir mieux expliqué leur volonté.

Dans le troisième cas enfin, c'est-à-dire lorsqu'il y a spécification des immeubles qui devront être acquis en remploi, les rentes ne pourront pas être acceptées. Il en est ainsi, quelle que soit la date du contrat. La clause de remploi en biens d'une espèce déterminée est contraire au remploi en rentes, sans qu'il y ait à distinguer si elle a été rédigée avant ou après la loi du 2 juillet 1862.

En généralisant et en résumant davantage ces solutions, on peut poser les règles suivantes :

Lorsque le jugement, le contrat ou l'acte de libéralité qui prescrivent l'emploi n'ont pas indiqué la nature des biens qui doivent être affectés à cet emploi, les rentes seront admises, quelle que soit la date des dispositions qui ont rendu l'emploi nécessaire.

Si, au contraire, il est déclaré que l'emploi sera fait en immeubles, sans aucune autre spécification, les rentes ne pourront pas constituer un emploi valable lorsque la clause a été rédigée avant la loi du 2 juillet 1862 ; si la clause est postérieure à la loi, la validité de ce mode d'emploi ne peut être contestée.

Si l'emploi doit avoir lieu en immeubles d'une espèce déterminée, l'emploi en rentes ne peut être autorisé, alors même que ces stipulations sont intervenues depuis la loi du 2 juillet 1862.

80. Dans le *Journal du Notariat* (n^{os} des 3 septembre et 22 novembre 1862), nous avons signalé et discuté ces opinions opposées; aucune d'elles ne nous a paru devoir être complétement adoptée.

Nous avons refusé d'admettre que les seules clauses exclusives de l'emploi en rentes étaient celles qui proscrivaient *nominativement* ce mode de placement.

Nous n'avons pas considéré comme clauses contraires à l'emploi en rentes celles qui se bornent à prescrire un emploi *en immeubles,* sans aucune autre spécification, et nous avons émis l'opinion que, dans ce cas, l'emploi en rentes devait être accepté, sans qu'il y eût à examiner si l'acte prescrivant l'emploi était ou non postérieur à la loi du 2 juillet 1862.

Mais nous avons reconnu le caractère de clauses contraires à toutes celles qui exigent un emploi en immeubles ou en biens quelconques d'une certaine espèce, soit qu'elles aient été rédigées sous l'empire de la loi du 2 juillet 1862, soit qu'elles l'aient été avant sa promulgation.

M. Bertin s'est prononcé dans le même sens. (*Droit* du 19 août 1862.)

81. Des divergences peuvent également être signalées

dans les décisions judiciaires qui ont fait l'application de l'art. 46 de la loi du 2 juillet 1862. Ces décisions, que nous avons eu déjà l'occasion de citer à propos d'autres questions, tout en accusant les mêmes tendances, ne reposent pas sur le même principe. On peut ajouter qu'il est difficile, en présence des motifs assez laconiques, en général, sur lesquels elles reposent, de les rattacher d'une manière certaine à un système d'interprétation de la loi nouvelle.

Nous suivrons l'ordre des dates des jugements et des arrêts.

Un arrêt de la Cour de Caen, du 6 août 1862 (cité n° 70), est intervenu dans les circonstances suivantes :

Mme B... était mariée sous le régime dotal. Il paraît résulter des motifs de l'arrêt qu'aucune clause du contrat de mariage n'avait prévu le cas où il pourrait y avoir lieu au remploi du prix des biens dotaux. Un immeuble appartenant par indivis à Mme B... et à d'autres personnes, et, par suite, frappé de dotalité pour partie, avait été aliéné, conformément aux dispositions de l'art. 1558 C. Nap. Après plusieurs incidents qui ne présentent pas d'intérêt au point de vue qui nous occupe, Mme R..., débitrice de la partie du prix de l'immeuble vendu revenant à Mme B..., voulut se libérer. En conséquence, elle demanda qu'il fût justifié d'un remploi en immeubles nets de priviléges et d'hypothèques. Le Tribunal de Falaise, par un jugement du 8 novembre 1860, avait décidé que Mme B... serait tenue de justifier, dans un délai déterminé, de l'acquisition d'immeubles dégagés de privilèges et d'hypothèques, et destinés à servir de remploi au prix de son immeuble dotal. Il faut remarquer que le Tribunal avait à se prononcer sur plusieurs questions, et que la détermination de la nature des biens qui devaient être affectés au remploi ne semble avoir fait l'objet d'aucune difficulté.

Dans l'intervalle entre le jugement et l'arrêt intervint la loi du 2 juillet 1862. La Cour cependant n'invoque pas les dispositions de cette loi ; elle constate seulement que le bien aliéné était dotal, mais qu'il avait pu être vendu en vertu de l'art. 1558 C. Nap., adopte les motifs des premiers juges, qui, nous le répétons, ne contenaient aucune discussion en ce qui concerne la nature des biens susceptibles d'être acquis en remploi, et ajoute :

« Considérant qu'il convient, dans l'intérêt de toutes » les parties, de modifier la forme et le délai du remploi » imposé à la dame B... ;

» Par ces motifs, la Cour dit à tort l'appel interjeté » par la dame B... du jugement rendu par le Tribunal » de Falaise, le 8 novembre 1860, ordonne que ce dont » est appel sortira effet; dit néanmoins que la dame » B... devra justifier, dans le délai de trois mois, à » dater de la signification du présent arrêt, du remploi » mis à sa charge, et qu'elle pourra le faire à son choix, » soit en immeubles, soit en rentes sur l'Etat, soit » en actions immobilières de la Banque de France. » (*J. Not.*, art. 17686; *Journal du Notariat*, n° du 14 février 1863.)

82. La seconde décision intervenue est le jugement du Tribunal de la Seine du 30 janvier 1863, dont nous avons déjà fait connaître les dispositions (n° 72). On a vu que ce jugement, en présence d'une clause d'un testament antérieur à la loi du 2 juillet 1862, prescrivant un remploi *en immeubles ruraux non bâtis*, avait autorisé un remploi en rentes sur l'Etat. Le Tribunal ne discute pas la portée de la clause du testament relative au remploi. Il base sa décision, en fait, sur ce que l'acquisition de rentes permettra de réaliser les avantages que le disposant avait voulu atteindre. En droit, il invoque le pouvoir discrétionnaire que la loi du 2 juillet 1862 aurait conféré au Tribunaux. (*Jurisp. du not.*, art. 12169; *Journal du Notariat,* n° du 25 février 1863.)

83. Un jugement déjà cité (n° 70) rendu par le Tribunal de Marseille, le 4 février 1863, admet le remploi en rentes sur l'Etat du prix d'un immeuble qui, d'après une clause du contrat de mariage (antérieur à la loi du 2 juillet 1862), devait être placé en bonnes hypothèques ou en acquisition d'autres immeubles. (*Journal du Notariat* du 15 juillet 1863.)

Ce jugement est ainsi conçu :

« Attendu que les sieurs V... veulent se libérer de la » somme de 9,375 fr., solde d'un prix d'immeubles re- » venant à la dame Ch..., épouse S..., et qu'ils de- » mandent que cette dame fasse emploi de cette somme » en hypothèque ou en acquisition d'immeuble, comme » le prescrit son contrat de mariage;

» Attendu que cette dame répond qu'elle entend user

» des droits résultant pour elle de l'article 46 de la loi » de finances du 2 juillet 1862, portant que « les » sommes dont le placement ou le remploi en immeu- » ble est prescrit ou autorisé par la loi, par un juge- » ment, par un contrat ou par une disposition à titre » gratuit entre vifs ou testamentaire, peuvent être » employées en rentes 3 p. 100 de la dette française, à » moins de clause contraire. Dans ce cas, et sur la ré- » quisition des parties, l'immatricule de ces rentes au » Grand-Livre de la dette publique en indique l'affecta- » tion spéciale ; »

» Qu'il s'agit donc d'interpréter cette loi et d'examiner » si les termes du contrat de mariage de Mme S... cons- » tituent une *clause contraire* à l'emploi en rentes sur » l'Etat ;

» Attendu que le contrat porte que : *les prix des alié-* » *nations seront employés sur bonnes hypothèques ou* » *en acquisition d'autres immeubles, qui, eux-mêmes,* » *pourront aussi être vendus ou échangés à la même* » *charge d'emploi ;*

» Que rien, dans ces circonstances, ne proscrit formel- » lement l'emploi en rentes ; qu'on ne saurait voir une » clause contraire à l'emploi en rentes dans l'omission » de ce mode d'emploi ; et que, dès lors, la nouvelle loi » qui permet de substituer la rente aux immeubles » quand un emploi de ce genre est prescrit par un con- » trat, doit recevoir ici son application ; qu'il n'y a pas » lieu de faire des distinctions entre les contrats anté- » rieurs à la promulgation de la loi de 1862 et les contrats

» postérieurs ; que le législateur n'a évidemment pas
» voulu parler des emplois qui seraient obligatoires en
» vertu d'actes à venir, mais bien des emplois déjà
» prescrits. »

84. Nous avons également mentionné (n° 70) un jugement du Tribunal de la Seine, du 14 février 1863. S. 63,2, 179. (*J. Not.*, art. 17682 ; *Journal du Notariat*, n° du 6 mai 1863.)

Aux termes du contrat de mariage de Mme de V..., mariée sous le régime dotal, les immeubles dotaux pouvaient être aliénés, à la charge du remploi du prix en acquisition d'autres immeubles de même valeur et revenu, jusqu'à concurrence de quatre cinquièmes au moins, et de rentes sur l'Etat pour le dernier cinquième. Ce contrat remontait au 8 juillet 1821. Un immeuble dotal de Mme de V... fut vendu à la Compagnie du chemin de fer d'Orléans. M. et Mme de V... demandèrent à toucher le prix en offrant un remploi en rentes sur l'Etat. La Compagnie refusa de se libérer dans ces conditions. Elle se fonda sur ce que le contrat de mariage contenait, pour les quatre cinquièmes du prix, une clause contraire à l'emploi en rentes. Le jugement du 14 février 1863 décida que ce refus était fondé. Le Tribunal, après avoir rappelé, dans ses motifs, la disposition du contrat de mariage ayant trait au remploi, l'apprécie en ces termes :

« Attendu que les parties et H..., père de Mme de V...,
» stipulant à raison de la dot qu'il a constituée à sa fille,
» ont ainsi déterminé d'une manière précise la propor-

» tion dans laquelle chacune des deux valeurs pourrait
» être admise à titre de remploi, et, par cela même,
» exclu la possibilité du remploi en rentes d'une som-
» me supérieure au cinquième des capitaux provenant
» de l'aliénation des immeubles dotaux ;

» Que le contrat de mariage contient donc une clause
» qui ne permet pas au Tribunal d'appliquer le prin-
» cipe consacré par la loi du 2 juillet 1862, et qui s'op-
» pose, par suite, à l'admission de la demande que les
» époux de V... ont formée contre la Compagnie du
» chemin de fer d'Orléans. »

Le jugement déjà cité (n° 70) du Tribunal de Die, du 17 février 1863, qui admet le remploi en rentes en présence d'une clause d'un contrat de mariage antérieur à la loi du 2 juillet 1862, prescrivant un remploi en *immeubles*, ne contient pas de discussion de droit qui permette de le rattacher à un système d'interprétation de cette loi (*Journal du Notariat*, du 9 janvier 1864.)

85. La dernière décision qui, à notre connaissance, ait été rendue, est l'arrêt de la Cour de Paris du 27 mars 1863, rapporté dans les recueils ci-dessus indiqués à la suite du jugement du 14 février précédent, dont il a prononcé l'infirmation. La Cour résume la clause du contrat de mariage qui avait donné naissance au procès et ajoute :

« Considérant que cette stipulation a été motivée par
» la confiance qu'inspiraient aux parties les placements
» en immeubles, à une époque où les rentes sur l'Etat
» français étaient soumises aux éventualités d'une con-

» version, et où la rente 3 p. 100 n'avait pas encore été
» créée; que l'art. 46 de la loi du 2 juillet 1862 a eu pour
» but d'assimiler aux placements immobiliers les rem-
» plois en rentes françaises 3 p. 100, comme les décrets
» des 16 janvier et 21 décembre 1808 l'ont fait à l'égard
» des actions de la Banque;

» Considérant que si le contrat de mariage des appe-
» lants prescrivait le remploi en immeubles pour la
» totalité du prix d'aliénation des biens dotaux, la loi du
» 2 juillet 1862 serait incontestablement appliquable;
» que l'on ne peut admettre une interprétation plus rigou-
» reuse, alors que ce mode de remploi n'est stipulé que
» pour les quatre cinquièmes; qu'ainsi c'est à tort que
» les premiers juges ont considéré l'art. 8 du contrat
» de mariage comme constituant la clause contraire au
» placement en rentes sur l'Etat, prévue par la loi de
» 1862. »

Telles sont les opinions émises et les décisions intervenues. Il nous reste à rechercher si, parmi ces différents systèmes, il en est un qui doit être considéré comme donnant à l'art. 46 de la loi du 2 juillet 1862 sa véritable signification.

---

§ VIII.

Interprétation qui doit être admise. — Formules générales.

86. Depuis que, dans le *Journal du Notariat*, nous avons émis nos idées sur l'interprétation de l'art. 46 de la loi du 2 juillet 1862, nous nous sommes encore demandé si nous avions donné aux mots, *à moins de clause contraire*, leur véritable signification, sans en exagérer ni sans en trop restreindre la portée. Après de nouvelles études, nous avons persisté dans notre opinion et nous maintenons les solutions suivantes :

Ce n'est pas uniquement lorsque les rentes ont été *nominativement* exclues qu'il y a clause contraire. La clause contraire à l'emploi en rentes peut résulter de stipulations qui, par suite, soit des *exclusions*, soit des *désignations* qu'elles contiennent, sont incompatibles avec un emploi en rentes.

Il y a clause contraire, par voie *d'exclusion*, non-seulement lorsque les parties ont prohibé l'emploi en rentes, mais encore quand se servant d'expressions plus générales, elles ont désigné la catégorie de biens à laquelle appartiennent les rentes, c'est-à-dire les biens meubles ou les valeurs mobilières.

Pour qu'il y ait clause contraire, par voie de *désignation* des biens qui devront être affectés à l'emploi, il ne suffit pas qu'il ait été stipulé que l'emploi aurait lieu ne immeubles.

Mais il y a clause contraire, si les parties ont exigé un emploi en meubles ou en immeubles d'une espèce déterminée. Une telle clause, en prescrivant un mode d'emploi spécial, est exclusive de tout autre mode d'emploi, s'oppose au placement en rentes, comme elle s'oppose au placement en tous autres biens que ceux spécifiés, et oblige à n'effectuer l'emploi qu'au moyen de l'acquisition de biens de l'espèce désignée.

Ces solutions doivent être admises sans qu'il y ait à distinguer entre le cas où les actes d'où résulte la nécessité de l'emploi sont antérieurs à la loi du 2 juillet 1862, et celui où ils n'ont été rédigés que postérieurement à cette loi.

En un mot, quelle que soit la date des actes, on ne doit considérer comme clauses contraires à l'emploi en rentes que celles qui prohibent l'acquisition, soit des rentes, soit des biens meubles, et celles qui précisent, non-seulement la nature, mais l'espèce des biens qui devront tre acquis.

Telle est, selon nous, la portée de la réserve *à moins de clause contraire*.

87. Pour justifier cette interprétation, nous la formulerons en quatre règles principales qui sont applicables sans qu'il y ait à faire de distinction entre les actes antérieurs à la loi du 2 juillet 1862 et ceux qui ont été rédigés depuis sa promulgation.

1° Les clauses contraires à l'emploi en rentes ne sont pas seulement celles qui excluent *nominativement* ce genre de placement (§ 9, n°s 88 à 92).

2° Il y a clause contraire dans toute stipulation qui exclut expressément les *meubles* ou les *valeurs mobilières* (§ 10, nos 93 et 94).

3° La simple stipulation d'emploi *en immeubles* ne constitue pas la clause contraire à l'emploi en rentes (§ 11, nos 95 à 102).

4° Il y a clause contraire dans toute stipulation prescrivant un emploi en meubles ou en immeubles *d'une espèce déterminée* (§ 12, nos 103 à 107).

Après avoir justifié successivement chacune de ces propositions et résumé notre discussion (§ 13, n° 108), nous ferons, dans les trois derniers §§, l'application des règles précédemment posées aux différentes hypothèses dans lesquelles la question de l'admissibilité de l'emploi en rentes peut se présenter. Nous passerons en revue, comme nous l'avons déjà fait dans la première partie (§§ 4 à 8, nos 26 à 55), les clauses usitées dans les actes qui prescrivent un emploi, en nous demandant, pour chacune d'elles, si elle s'oppose ou ne s'oppose pas au placement en rentes (§§ 14 à 17, nos 107 à 120).

§ IX.

Les clauses contraires à l'emploi en rentes ne sont pas seulement celles qui excluent nominativement ce mode de placement.

88. L'adoption de l'opinion qui ne considère comme clauses contraires à l'emploi en rentes que celles qui prohibent en termes exprès le placement en biens de cette nature offrirait, il faut le reconnaître, de sérieux avantages. L'interprétation de la loi du 2 juillet 1862 a déjà donné lieu à de graves difficultés. Les jurisconsultes et les hommes pratiques qui ont cherché à les résoudre ont émis des opinions opposées. Les décisions judiciaires intervenues jusqu'à ce jour, bien qu'en petit nombre, ne se sont pas toutes prononcées dans le même sens. Lorsqu'on se rend compte des conséquences fâcheuses de cet état de doute et d'incertitude, et qu'on reconnaît que la cause à peu près unique de toutes ces controverses est la difficulté de déterminer quelles sont, parmi les clauses si diverses qui accompagnent les stipulations d'emploi, celles qu'il faut considérer comme contraires au placement en rentes, on est disposé à accueillir favorablement une interprétation permettant de mettre fin à ces dissidences, au moyen d'une règle précise qui rendrait l'application de la loi simple et facile. Or, on atteindrait ce but en décidant qu'il n'y a clause contraire à l'emploi en rentes qu'autant que ces valeurs ont été nominativement

exclues. Les difficultés que nous avons signalées disparaîtraient immédiatement. Toutes les fois que les dispositions qui prescrivent un emploi ne prohiberaient pas, en termes exprès, l'acquisition des rentes, les débiteurs ou les détenteurs des sommes dont il doit être fait emploi pourraient, sans craindre d'engager leur responsabilité, accepter le placement en rentes.

Ce sont là, sans doute, de réels avantages ; mais il ne faut pas que le désir de faciliter l'exécution d'une loi l'emporte sur le premier devoir de ceux qui ont à l'interpréter ou qui sont chargés de l'appliquer. On doit, avant tout, rechercher son véritable sens, et il n'est pas permis d'éviter des difficultés d'exécution en dénaturant la loi ou en exagérant les effets qu'elle était destinée à produire. C'est donc sans sacrifier l'interprétation exacte de la loi à l'intérêt, quelque sérieux qu'il soit, d'en rendre l'application facile, qu'il faut se demander quelle est la portée de la réserve stipulée pour le cas de clause contraire à l'exercice de la faculté nouvelle accordée par la loi du 2 juillet 1862.

89. Notre droit n'est pas formaliste, et il s'attache davantage au fond qu'à la forme, à la pensée manifestée qu'à l'expression employée. Aussi, en thèse générale, doit-on considérer comme une clause contraire à l'exercice d'une faculté, toute stipulation qui est inconciliable avec l'existence de cette faculté. Il n'est pas nécessaire que le fait prohibé l'ait été nominativement, il suffit que l'intention de le proscrire ait été clairement manifestée.

L'art. 46 de la loi du 2 juillet 1862 a-t-il, par une disposition exceptionnellement rigoureuse, refusé de reconnaître comme clauses contraires au placement en rentes, toutes celles qui, bien qu'inconciliables avec ce mode d'emploi, ne le prohibent pas en termes exprès? Rien n'autorise à admettre une telle interprétation. On donnerait, en effet, à l'expression clause contraire un sens étroit, qui n'est pas commandé par le texte de l'art. 46, et qui devient surtout inadmissible lorsqu'on se rend compte de la nature de cette disposition et des conséquences qu'elle est appelée à produire.

Le texte, d'abord, ne porte pas que l'emploi en rentes sera permis toutes les fois que ces valeurs n'auront point été nominativement exclues; on n'y trouve aucune expression d'où il soit possible d'induire que la prohibition de l'emploi en rentes doive avoir lieu en termes exprès; loin de là, l'art. 46 réserve d'une manière générale le cas de clause contraire, c'est-à-dire les clauses incompatibles avec l'emploi en rentes.

Mais, de plus, on a vu que la loi du 2 juillet 1862 s'appliquait alors même que les actes d'où résultait la nécessité d'un emploi en immeubles étaient antérieurs à sa promulgation, et qu'elle devait, dans une certaine mesure, être considérée comme une loi rétroactive. Nous avons fait observer que les inconvénients de la rétroactivité étaient diminués par la réserve faite pour le cas de clause contraire. Pour que cette réserve soit sérieuse, il ne faut pas exiger que ceux qui stipulaient à une époque où la loi suffisait pour interdire de placer en rentes les sommes qui devaient être employées en immeubles, aient exclu expressément l'emploi en rentes. Il doit suffire qu'ils aient manifesté des intentions incompatibles avec ce mode d'emploi. C'est surtout lorsque les lois sont appelées à modifier les conséquences d'actes précédemment passés et, par suite, à porter atteinte à des droits acquis, qu'il faut se garder de leur donner une interprétation trop sévère, et qui aurait pour résultat d'étendre leurs dispositions à des cas qui n'ont point été prévus ou qui ont été l'objet d'une exception.

90. Ce n'est pas seulement, du reste, lorsque les actes sont antérieurs à la loi du 2 juillet 1862 qu'il faut reconnaître qu'il peut y avoir clause contraire, bien que l'emploi en rentes n'ait pas été nominativement interdit.

Il serait moins rigoureux, sans doute, d'exiger cette exclusion expresse, alors que les parties se trouvaient, au moment où elles ont écrit leurs dispositions, en présence d'une loi spéciale assimilant le placement en rentes au placement en immeubles, que dans le cas où elles stipulaient avant que cette loi n'intervînt. Mais nous pensons que l'art. 46 n'a pas pour conséquence d'obliger ceux qui voudront à l'avenir interdire l'emploi en rentes à le prohiber en termes formels. On donnerait à la loi, ainsi que nous l'avons déjà dit, une interprétation tout à fait en opposition avec l'esprit général de la législation. Nous admettons bien que, si des dispositions sont obscures ou offrent un double sens, on soit porté à trouver plus facilement la clause contraire à l'emploi en rentes dans les actes antérieurs à la loi du 2 juillet 1862 que dans ceux rédigés depuis sa promulgation. Mais on n'en doit pas moins poser cette règle générale que, quelle que soit la date des actes, il n'est pas nécessaire, pour qu'il y ait clause contraire, que l'emploi en rentes ait été expressément prohibé.

91. On a cependant très-vivement soutenu que la clause contraire ne résultait que d'une mention spéciale, précise et formelle, prohibant l'emploi en rentes.

« La loi du 2 juillet, dit M. Duverdy (*Gaz. des Trib.* » du 20 août 1862), déclare que, dans toutes les circons- » tances où un emploi en immeubles est prescrit par » une loi, par un jugement ou par un acte de libéralité, » cet emploi pourra avoir lieu en rentes; et elle ajoute ces » mots : *à moins de clause contraire*. Quel sens faut-il » leur attribuer ?

» Evidemment, ils signifient seulement que l'emploi » pourra toujours avoir lieu en rentes, à moins que la » loi, le jugement ou l'acte de libéralité prescrivant » l'emploi ne contiennent une mention spéciale, précise » et formelle prohibant l'emploi en rentes.

» Cependant, les dotalistes, qui ne voient qu'avec re- » gret les modifications que les transformations de la » fortune publique apportent au régime dotal, veulent » essayer d'amoindrir l'effet de la loi en attribuant aux » mots, *à moins de clause contraire*, un sens qui dé- » truirait toute l'économie de la loi, et qui paralyserait » les avantages qu'elle présente. Ils se préparent à sou- » tenir que le remploi pourra bien avoir lieu indistinc-

» tement en immeubles ou en rentes, lorsqu'il aura été » stipulé qu'il devrait avoir lieu en immeubles; mais » qu'il ne pourra pas se faire régulièrement en rentes » lorsqu'il aura été stipulé qu'il devrait avoir lieu *en* » *maisons, en biens de ville ou en biens ruraux.*

» Ainsi, dans le cas où le contrat aurait spécialisé » l'emploi, où il aurait énoncé que cet emploi aurait » lieu en immeubles d'une espèce déterminée, où il ne se » serait pas borné à parler d'*immeubles* sans rien plus » ajouter, la loi du 2 juillet 1862 ne pourrait pas être » appliquée! Toutes les clauses, contenant un synonyme » du mot *immeubles*, seraient des clauses contraires à » l'article 46 de cette loi!

» Si tel était le sens et la portée de ces mots, *à moins* » *de clause contraire*, la loi du 2 juillet 1862 serait, dès » sa promulgation, une lettre morte. Fallait-il donc que » la loi rapportât toutes les formules du style notarial, qui » varient à l'infini suivant les provinces et les anciennes » coutumes locales? Non; elle a adopté le langage le » plus simple; elle a parlé de l'emploi en *immeubles*, et » la simplicité de ses expressions indique leur généralité. » Elle a voulu autoriser l'emploi en rentes dans tous les » cas où il s'agissait de remplois en *immeubles;* et, par ce » mot, elle a entendu comprendre toutes les clauses re» latives soit à des biens de ville, soit à des biens ruraux; » elle a entendu désigner tous les mots de la langue » française qui servent à nommer ce qui constitue des » espèces au regard du genre *immeubles.*

» Sans quoi, la loi n'aurait ni sens ni efficacité. L'em-

» ploi ne pourrait presque jamais s'opérer en rentes. » Or, il faut admettre que le législateur n'a pas voulu » porter une loi devant rester sans exécution. D'où la » conséquence que la loi autorise le remploi en rentes » dans tous les cas où ce remploi en rentes n'a pas été » expressément prohibé.

» Telle est l'interprétation que la loi recevra, nous » n'en doutons pas, parce que c'est la seule qui soit » conforme à son esprit, la seule qui permette de géné- » raliser les bienfaits qu'elle est destinée à produire. »

92. Il ne s'agit point ici d'une lutte entre les partisans et les adversaires du régime dotal. Ce n'est pas seulement, en effet, à l'occasion du remploi des biens dotaux que ces questions pourront s'élever. En tous cas, c'est sans aucune préoccupation *dotaliste* que nous écrivons. Nous considérons la loi du 2 juillet 1862 comme utile ; mais il ne faut pas, nous le répétons, que le désir d'en faciliter l'exécution fasse admettre une interprétation qui aurait pour résultat de rendre plus grave et plus fréquente l'atteinte que les dispositions nouvelles sont appelées à porter à des droits acquis.

Il n'est pas, d'ailleurs, exact de dire que si on peut voir des clauses contraires à l'emploi en rentes dans des stipulations qui ne prohibent point, en termes exprès, ce mode de placement, on détruit toute l'économie de la loi, on paralyse les avantages qu'elle présente et on en fait, dès sa promulgation, une lettre morte. Ainsi, on verra dans les §§ qui vont suivre, que l'art. 46, avec le système que nous admettons, recevra son application dans le plus grand nombre des cas. Il arrivera fréquemment aussi, sans doute, que l'appréciation des clauses qui accompagnent les stipulations d'emploi soulèvera des contestations; les débiteurs et les détenteurs des sommes dont il doit être fait emploi seront quelquefois obligés, aussi longtemps que la jurisprudence ne sera pas bien assise, d'attendre pour accepter des rentes qu'un jugement ait déclaré qu'il n'y avait pas clause contraire. Mais c'est là une conséquence de la rédaction, un peu laconique, de la loi. Sans rapporter toutes les formules du style notarial, on pouvait prévenir, au moins en partie, les difficultés qui se sont élevées. Il est à regretter notamment que la loi n'ait pas précisé davantage ce qu'on devait entendre par clause contraire à l'emploi en rentes.

Quoi qu'il en soit, en présence de l'art. 46, tel qu'il est conçu, et bien que cette interprétation doive avoir pour conséquence d'apporter, dans certains cas, des obstacles à l'application de la loi, il faut admettre qu'il y a des stipulations qui, sans exclure en termes exprès l'emploi en rentes, constituent des clauses contraires à ce mode d'emploi.

Telle est l'opinion énergiquement exprimée à plusieurs reprises dans le *Journal des notaires*, et spécialement dans les observations qui suivent le jugement du Tribunal de la Seine ci-dessus mentionné du 30 janvier 1863 (§§ 4 et 7, n°s 71 et 82), et dont nous extrayons le passage suivant :

« Faut-il s'expliquer sur la doctrine qu'on a fait va-

» loir dans la requête et qui consiste à dire que la *clause*
» *contraire* s'entend seulement de celle qui prohibe-
» rait en termes littéraux et formels le remploi en
» rentes?......
» N'est-il pas clair qu'on entend par *clause contraire*
» celle qui est exclusive d'une autre, qui lui est incom-
» patible, soit qu'il y ait disposition expresse et litté-
» rale, soit qu'il y ait simple incompatibilité dans le
» fait et la possibilité d'exécution? Ces choses-là ne se
» démontrent pas ; elles sont, qu'on nous permette de
» le dire, du plus vulgaire bon sens. Or, lorsqu'un tes-
» tateur a ordonné que les biens par lui substitués se-
» raient remployés en *immeubles ruraux non bâtis*,
» peut-on raisonnablement prétendre qu'il a autorisé
» le remploi en *immeubles ruraux bâtis*, ou même en
» *maisons urbaines*, et à plus forte raison en *rentes*
» *sur l'Etat* qui sont meubles? Nous doutons qu'on
» puisse de bonne foi répondre par l'affirmative. Ap-
» pelons à notre aide MM. Rodière et Pont ; voici com-
» ment ils formulent la solution (*Contrat de mar.*, t. 2,
» n° 554) : « S'il était dit que le remploi pourrait être
» fait seulement en fonds de terre, ce dernier mode de
» remploi *serait seul valable.* » (Art. 17647.)

§ X.

Il y a clause contraire dans toute stipulation qui exclut expressément les meubles ou les valeurs mobilières.

93. La clause contraire à l'emploi en rentes peut résulter, ainsi que nous l'avons déjà dit, de stipulations qui, par suite, soit des *exclusions*, soit des *désignations* qu'elles contiennent, sont incompatibles avec un emploi en rentes.

La première catégorie comprend nécessairement toute disposition qui prohibe l'emploi en biens meubles ou en valeurs mobilières. Ces clauses, quelle que soit l'époque à laquelle elles ont été rédigées, doivent être considérées comme exclusives de l'emploi en rentes.

Les rentes sur l'Etat, en effet, n'ont point été immobilisées par la loi du 2 juillet 1862. Elles ont toujours conservé leur nature mobilière. S'il en est ainsi, l'exclusion des meubles s'applique aux rentes. Aucune difficulté ne peut s'élever sur ce point, dès l'instant qu'il n'est pas nécessaire, pour qu'il y ait clause contraire à l'emploi en rentes, que ces valeurs aient été nominativement exclues.

On devrait même, tout en admettant que la clause contraire ne résulte que d'une stipulation qui exclut en termes exprès les rentes, assimiler à cette stipulation celle qui prohibe en termes exprès l'emploi en meubles, puisque les rentes sont des biens meubles. Il en serait de même, à plus forte raison, de l'exclusion des valeurs mobilières. Les rentes, en effet, font partie de la catégorie de biens meubles comprise sous la dénomination de valeurs mobilières.

Dans le § suivant, nous établirons la différence essentielle qui existe, au point de vue tout à la fois du texte et de l'esprit de l'art. 46 de la loi du 2 juillet 1862, entre la clause qui prohibe l'emploi en biens *meubles* et celle qui prescrit l'emploi en *immeubles*. Cette différence justifie les solutions opposées que nous donnons dans ces deux hypothèses, puisque, dans la première, nous n'admettons pas l'emploi en rentes, et que nous le déclarons possible dans la seconde.

94. Lorsque les dispositions qui règlent les conditions d'un emploi autorisent le placement en rentes ou en biens meubles, mais pour une partie seulement des fonds à employer, il faut décider que pour tout le surplus il y a exclusion formelle des rentes et des biens meubles.

La Cour de Paris, cependant, ainsi qu'on l'a déjà vu (§ 7, n° 85), a décidé, par arrêt du 27 mars 1863, que la clause d'un contrat de mariage qui autorise l'aliénation des immeubles dotaux, à charge de remploi du prix en acquisition d'autres immeubles pour quatre cinquièmes, et en rentes sur l'Etat pour le dernier cinquième, ne s'opposait au remploi en rentes pour aucune partie du prix. (*J. Not.*, art. 17682; S. 63, 2, 179; *Journal du Notariat*, n° du 6 mai 1863.)

Cet arrêt s'est fondé sur le motif suivant :

« Considérant que si le contrat de mariage des appe-
» lants prescrivait le remploi en immeubles pour la
» totalité du prix d'aliénation des biens dotaux, la loi du
» 2 juillet 1862 serait incontestablement applicable;
» que l'on ne peut admettre une interprétation plus ri-
» goureuse, alors que ce mode de remploi n'est stipulé
» que pour les quatre cinquièmes. »

Cette décision nous paraît inadmissible. Nous croyons, au contraire, qu'il existe une très-grande différence entre le cas où les parties ont stipulé que l'emploi d'une somme serait fait entièrement en immeubles, et celui où, faisant deux parts de cette somme, elles ont autorisé l'emploi en rentes de l'une d'elles, et ont exigé que l'autre fût placée en immeubles. Une telle clause, en effet, indique que l'attention de ses rédacteurs s'est portée spécialement sur l'emploi en rentes, et qu'elles ont entendu l'interdire pour une certaine portion du prix. Dans l'espèce de l'arrêt de la Cour de Paris, lorsque les contractants avaient permis l'aliénation des immeubles dotaux, à charge de remploi du prix en d'autres immeubles, jusqu'à concurrence de quatre cinquièmes, et en rentes, pour le dernier cinquième, ils avaient déclaré implicitement, mais d'une manière très-formelle, qu'ils n'acceptaient l'emploi en rentes que pour un cinquième. Or, existe-t-il, pour les quatre autres cinquièmes, une clause plus évidemment exclusive de l'emploi en rentes?

---

§ XI.

La simple stipulation d'emploi en immeubles ne constitue pas la clause contraire à l'emploi en rentes.

95. La clause contraire à l'emploi en rentes ne doit pas uniquement résulter de l'*exclusion* de la catégorie de biens à laquelle les rentes appartiennent. L'existence de cette clause peut également être la conséquence de la *désignation* des biens qui serviront d'emploi. La difficulté consiste seulement à préciser dans quels cas cette désignation doit être considérée comme constituant la clause contraire.

Les contrats ou les actes prescrivant un emploi, qui indiquent en même temps les biens devant être affectés à cet emploi, peuvent se borner à exiger l'acquisition de meubles ou d'immeubles, *sans aucune spécification*, ou préciser davantage, et prescrire un emploi en meubles ou en immeubles d'*une espèce déterminée*.

Dans ce dernier cas, l'emploi en rentes est impossible, et c'est ce que nous établirons au § suivant.

Mais, dans le premier cas, c'est-à-dire lorsque l'espèce particulière des biens meubles ou immeubles n'a point été indiquée, il n'y a pas clause contraire à l'emploi en rentes.

96. Si l'art. 46 s'était borné à permettre l'emploi en rentes, lorsque la nécessité de l'emploi en immeubles résulte de la loi, on pourrait soutenir que la stipulation expresse d'emploi en immeubles suffit pour constituer

la clause contraire à l'emploi en rentes ; mais il n'en est pas ainsi : c'est également dans tous les cas où un jugement, un contrat ou un acte de libéralité *prescrivent* un emploi en *immeubles* que le placement en rentes est autorisé. L'art. 46, afin de rendre possible l'emploi en rentes dans toutes les circonstances où il peut y avoir lieu à emploi en immeubles, prévoit spécialement l'hypothèse dans laquelle les parties ont cru devoir prescrire un emploi en immeubles, qui n'était pas déjà exigé par la loi.

Il faut donc admettre que la stipulation d'emploi en immeubles ne constitue pas la clause contraire à l'emploi en rentes, puisque c'est précisément l'existence d'une disposition prescrivant un emploi en immeubles qui, dans plusieurs des cas prévus par l'art. 46, rendra applicable la loi du 2 juillet 1862. Tous les doutes doivent se dissiper quand on rapproche les mots *jugements, contrats, actes*, de ceux *prescrivent* ou *autorisent*.

97. Il existe, à la vérité, une grande analogie entre les clauses qui exigent l'emploi en immeubles et celles qui prohibent l'emploi en meubles ou en valeurs mobilières. Prescrire un placement en biens immeubles, c'est imposer un placement en biens qui ne seront pas des meubles.

On peut cependant, ainsi que nous l'avons fait, décider que la première de ces stipulations n'est pas contraire à l'emploi en rentes, tandis que la seconde s'oppose à ce mode d'emploi. Ces deux solutions sont parfaitement conciliables.

Si nous admettons que la clause d'emploi en immeubles n'est pas contraire à l'emploi en rentes, c'est parce que l'art. 46 autorise formellement l'acquisition des rentes dans le cas où les parties ont prescrit un placement en immeubles. Il n'en est plus ainsi lorsque les parties ont déclaré qu'elles ne voulaient pas de meubles ou de valeurs mobilières. Le texte de la loi n'exige pas alors que cette stipulation, qui est incontestablement exclusive de l'emploi en rentes, ne soit pas considérée comme clause contraire.

Ce résultat d'une interprétation littérale n'a, d'ailleurs, rien d'illogique. On conçoit que le législateur n'ait pas étendu au cas de clause prohibitive de l'emploi en meubles, la mesure déjà très-grave qu'il croyait devoir édicter au cas de clause prescrivant un emploi en immeubles. Il y a, en effet, une différence réelle entre ces deux hypothèses. La stipulation qui exclut l'emploi en meubles ou en valeurs mobilières indique que l'attention des parties s'est spécialement portée sur les biens de cette nature, et qu'elles ont entendu interdire, d'une manière très-précise, ce genre de placement. On aurait donc, dans le cas surtout où les actes contenant la clause d'exclusion des meubles ou des valeurs mobilières seraient antérieures à la loi du 2 juillet 1862, apporté à des conventions légalement formées, une dérogation beaucoup plus grave que celle qui résultait de l'autorisation d'effectuer l'emploi en rentes en présence d'une clause prescrivant l'emploi en immeubles.

Il n'y a pas, dès-lors, de contradiction à considérer

la clause qui interdit l'emploi en meubles ou en valeurs mobilières comme contraire au placement en rentes, et à décider que l'art. 46 l'autorise, alors qu'il a été stipulé que l'emploi serait fait en immeubles.

98. *Le Journal des notaires* (art. 17506, 17561 et 17647) et la *Jurisprudence du notariat* (art. 12169) admettent sans difficulté la première de ces propositions; mais ils n'acceptent la seconde qu'avec une très-importante restriction.

Les jurisconsultes qui rédigent ces recueils ont bien reconnu avec nous, dans de solides et complètes discussions, que la clause d'emploi en immeubles n'était pas contraire à l'emploi en rentes, lorsqu'elle avait été rédigée postérieurement à la loi du 2 juillet 1862; mais ils ont émis l'opinion qu'elle s'opposait à ce mode de placement, lorsqu'elle était antérieure à la promulgation de la loi.

Après avoir établi que les rentes sur l'Etat ont conservé leur caractère de meubles, le *Journal des notaires* ajoute : « C'est avec raison, à notre avis, que » l'honorable président de la Chambre des notaires » de Lyon (M. Ducruet) fait observer que les clauses de » remploi *en immeubles* stipulées avant la loi nouvelle » doivent résister à un remploi en rentes. A cet égard, » la loi ne peut avoir d'effet rétroactif; car il y a droit » acquis par le contrat. Les parties en stipulant le rem- » ploi *en immeubles* n'ont pas pu entendre que le rem- » ploi aurait lieu en rentes, alors que la loi ne s'en

» était pas expliquée, et que ces rentes sont naturelle-
» ment et essentiellement meubles.

» Pour l'avenir, c'est différent. La loi ayant parlé, si
» les parties se servent encore de la même clause, elle
» sera nécessairement entendue dans les termes mêmes
» où la loi la comprend ; et le remploi en rentes ne nous
» paraît pas devoir souffrir de difficultés, puisque les
» termes légaux sont clairs et sans équivoque. Ce serait
» alors aux parties à s'imputer de ne pas avoir mieux
» expliqué leur volonté. » (Art. 17506).

Cette distinction repose sans doute sur des motifs sérieux. Elle présente ce double avantage de ne pas se mettre en opposition avec le texte de l'art. 46, qui suppose que l'emploi pourra être effectué en rentes, alors que les parties ont stipulé qu'il aurait lieu en immeubles, et de respecter des droits acquis, que l'interprétation que nous avons donnée a pour résultat de sacrifier. En admettant que la clause d'emploi en immeubles, rédigée antérieurement à la loi du 2 juillet 1862, met obstacle au placement en rentes, on supprime une partie des inconvénients de la rétroactivité de la loi nouvelle et on empêche, jusqu'à un certain point, qu'il y ait une différence regrettable entre la situation des parties qui auront stipulé avant la loi du 2 juillet 1862 et de celles qui n'auront rédigé leurs conventions que postérieurement à cette loi. Si, en effet, on décide que la clause d'emploi en immeubles, quelle que soit sa date, ne s'oppose pas au placement en rentes, les parties qui, antérieurement à la loi nouvelle, ont prescrit un emploi en immeubles, et qui ont cru, avec toute raison, qu'elles faisaient assez pour exclure les rentes, comme toutes les autres valeurs mobilières, seront trompées dans leurs prévisions. Celles au contraire, qui auront maintenant rédiger des clauses d'emploi sauront qu'il ne suffit pas de stipuler qu'un placement sera fait en immeubles pour empêcher qu'il puisse être réalisé en rentes.

Cette inégalité est incontestablement fâcheuse; mais nous ne croyons pas cependant devoir adopter l'opinion admise par le *Journal des notaires* et par la *Jurisprudence du notariat*.

99. Il est certain d'abord que la distinction proposée ne s'appuie pas sur le texte de la loi, qui confond dans une même disposition tous les cas auxquels elle s'applique. Aussi est-ce uniquement sur le principe de la non rétroactivité des lois qu'on se fonde pour soutenir que la stipulation d'emploi en immeubles, rédigée antérieurement à la loi du 2 juillet 1862, est une clause contraire à l'emploi en rentes.

Il a déjà été démontré, et nous ne reviendrons pas sur cette question, que la loi du 2 juillet 1862, dans l'intention de ses rédacteurs, doit, alors même qu'il en résulterait une rétroactivité, s'appliquer aux actes antérieurs à sa promulgation (§ 3, n°s 62 à 70). L'art. 46 a été considéré comme une disposition, jusqu'à un certain point d'ordre, public, en ce quelle devait mettre un terme à la diversité de la jurisprudence, et surtout améliorer le classement des rentes, en faisant rechercher davantage l'acquisition de ces valeurs. Cette considération a paru suffisante pour justifier une loi qui, sans se préoccuper de la date des actes, accorde pour leur exécution une faculté qui n'existait pas auparavant. La rétroactivité qui résulterait du droit conféré par la loi nouvelle d'effectuer l'emploi en rentes, en présence d'un acte antérieur à cette loi prescrivant l'emploi en immeubles, ne suffirait donc pas pour faire repousser, dans ce cas, l'emploi en achat de rentes.

100. Mais, d'ailleurs, si la loi du 2 juillet 1862 ne doit produire aucun effet rétroactif, il ne faut pas se borner à décider que l'emploi en rentes n'est point permis lorsque les parties ont, avant la promulgation de cette loi, stipulé l'obligation d'un emploi en immeubles. Le principe de la non rétroactivité doit produire des conséquences beaucoup plus étendues que celles qui ont été déduites par le *Journal des Notaires* et par la *Jurisprudence du Notariat.*

Toutes les fois qu'avant la loi du 2 juillet 1862 des époux adoptaient purement et simplement le régime dotal, il en résultait, d'après la majorité des arrêts et des auteurs, que si les immeubles de la femme venaient à être aliénés, conformément aux dispositions des art. 1558 et 1559 C. Nap., le remploi du prix ne pouvait être fait qu'en immeubles réels ou fictifs et non en rentes. Sous tous les régimes, si le contrat de mariage ne permettait l'aliénation des immeubles de la femme qu'à charge de remploi, ou bien encore si un acte de libéralité entre vifs ou testamentaire prescrivait le remploi du prix d'immeubles, le placement du prix, dans toutes ces hypothèses, devait avoir lieu en immeubles, en vertu du principe que le remploi doit s'effectuer en choses de même nature que celles aliénées. Il en était de même lorsqu'un donateur faisait une substitution donnant lieu de plein droit à l'application de l'art. 1067 C. Nap. ; le remploi du prix des immeubles ne pouvait également se faire qu'en immeubles ; les rentes n'eussent point été admises. Tous ceux qui, dans ces diverses circonstances, avaient stipulé antérieurement au 2 juillet 1862 pourraient donc invoquer un droit acquis à l'emploi en immeubles. Il faudrait, dès lors, pour que la loi ne produisît aucun effet rétroactif, décider que dans tous les cas où les parties s'étaient soumises volontairement à un état de choses dont la conséquence légale était la nécessité d'un emploi en immeubles, ou s'étaient bornées à prescrire un emploi qui, d'après la loi, devait avoir lieu en immeubles, la faculté accordée postérieurement de réaliser l'emploi en rentes, dans des cas identiques, ne saurait avoir aucune influence sur l'exécution des conventions antérieures.

C'est seulement en appliquant ainsi la loi du 2 juillet 1862 qu'on eût évité tous les inconvénients de la rétroactivité, et que la situation des parties ayant stipulé antérieurement à la loi nouvelle, n'eût point été plus défavorable que la situation de celles qui ont stipulé depuis que la législation a été modifiée.

Le *Journal des Notaires* et la *Jurisprudence du Notariat*, cependant, admettent que l'emploi en rentes sera possible lorsque les époux auront, avant la loi nouvelle, adopté le régime dotal *pur* ou avec clause de remploi, sans désignation de la nature des biens.

Mais pourquoi, dans ces deux cas, laisser les contractants exposés aux conséquences d'une rétroactivité, qui devrait respecter les droits résultant d'une stipulation d'emploi *en immeubles?* On fait ainsi aux parties ayant adopté le régime dotal pur ou avec clause de remploi, à une époque où ces clauses assuraient l'emploi en immeubles, une position beaucoup moins bonne qu'à celles qui passeront leur contrat depuis que de telles stipulations ne sont plus suffisantes pour mettre obstacle à l'emploi en rentes.

Le principe de non rétroactivité étant admis, on devait donc pousser plus loin ses conséquences; il fallait toujours prohiber le remploi en rentes dans le cas d'adoption, antérieurement à la loi du 2 juillet 1862, du régime dotal pur ou avec clause de remploi. On devait même poser une règle plus générale et décider que l'emploi en rentes est impossible toutes les fois qu'il résulte explicitement ou implicitement d'un acte quelconque, intervenu avant la loi nouvelle, qu'un emploi doit être fait en immeubles.

Mais nous avons démontré qu'une interprétation qui restreint ainsi l'application de la loi du 2 juillet 1862 va directement contre le but que le législateur s'est proposé, puisque, d'une part, elle prolonge pour de longues années encore les inconvénients d'une contrariété de jurisprudence, qui peut subsister aussi longtemps que les Tribunaux auront à statuer sur les questions d'emploi en rentes, alors que la nécessité de l'emploi en immeuble résulte d'un acte antérieur à la loi du 2 juillet 1862; et que, d'autre part, elle retarde l'amélioration du classement des rentes.

101. On pourrait peut-être, il est vrai, justifier de la manière suivante la distinction faite, par le *Journal des Notaires* et par la *Jurisprudence du Notariat*, entre le cas de régime dotal pur ou avec clause de remploi, et celui où il y a clause de remploi en immeubles. Dans la première hypothèse, dirait-on, c'est plutôt la loi que les parties qui ont interdit l'emploi en rentes, et par suite, bien que l'emploi en valeurs de cette nature n'ait pas été possible au moment où les parties ont stipulé, il n'y a point dans le contrat la *clause contraire* qui, d'après l'art. 46, est nécessaire pour que le placement en rentes soit interdit, clause qui existe dans la seconde hypothèse, c'est-à-dire lorsque l'emploi en immeubles a été formellement prescrit.

Cette circonstance que sous le régime dotal pur ou avec clause de remploi, c'est la loi elle-même qui prescrit l'emploi en immeubles, n'empêcherait pas que la loi du 2 juillet 1862, en autorisant le placement en rentes, ne produisît un effet rétroactif, puisqu'elle viendrait modifier les conséquences légales de conventions matrimoniales précédemment arrêtées; mais, en outre, lorsque les époux ont adopté le régime dotal, ils sont présumés avoir inscrit dans leur contrat toutes les dispositions de la loi relatives à ce régime, et avoir stipulé que si les cas divers dans lesquels il peut y avoir lieu à l'aliénation des immeubles dotaux venaient à se réaliser, il serait fait remploi du prix, et que ce remploi, conformément au droit commun, aurait lieu en immeubles. Il y a donc une clause contraire *implicite.* Cette clause devient même *explicite* quand les époux ont déclaré expressément que les immeubles dotaux ne seraient aliénables qu'à charge de *remploi*, ce qui veut dire remploi *en immeubles.* Ces derniers mots doivent être regardés comme sous-entendus, et on est autorisé à supposer que si les parties ne les ont point ajoutés, c'est parce qu'elles ont pensé que la loi suffisait pour s'opposer à ce que le remploi du prix d'immeubles pût se faire en biens meubles. Dès l'instant que la loi admettait que le remploi du prix d'immeubles ne pouvait se réaliser qu'au moyen de l'acquisition d'autres immeubles, ne fait-on pas une distinction bien subtile, quand on considère la clause de remploi en immeubles comme contraire au placement en rentes, et qu'on n'attache pas les mêmes effets à la clause de remploi sans spécification ?

Nous croyons donc devoir maintenir l'interprétation que nous avons donnée. Il faut reconnaître que la loi du 2 juillet 1862 est, dans une certaine mesure, rétroactive ; qu'elle s'applique aux actes antérieurs à sa promulgation, qui ne contiennent pas la clause contraire à l'emploi en rentes ; et que cette clause contraire ne résulte pas d'une stipulation d'emploi en immeubles.

102. On a vu que toutes les décisions judiciaires qui ont appliqué déjà la loi nouvelle ont permis l'emploi en rentes, en présence de clauses rédigées antérieure-

ment à sa promulgation, qui prescrivaient un emploi en immeubles. Plusieurs, dans notre opinion, ont été trop loin, en autorisant ce mode de placement alors que les actes d'où résultait la nécessité de l'emploi contenaient des stipulations qui constituaient la clause contraire réservée par l'art. 46. Mais il n'est pas moins certain que la jurisprudence est unanime à ne pas considérer la clause d'emploi en immeubles, quelle que soit l'époque à laquelle elle ait été stipulée, comme contraire au placement en rentes. (Voir § 7, n°s 81 à 85.)

§ XII.

Il y a clause contraire dans toute stipulation prescrivant un emploi en meubles ou en immeubles d'une espèce déterminée.

103. Sur ce point, nous sommes entièrement d'accord avec le *Journal des notaires* et la *Jurispradence du Notariat*.

Nous pensons que les clauses qui indiquent l'espèce particulière des meubles ou des immeubles devant être acquis en remploi, contiennent une désignation précise, qui exclut l'emploi en rentes, comme elle exclut tout emploi qui n'est pas conforme à celui prescrit.

Il a été, en effet, démontré que les stipulations qui déterminent l'espèce particulière des biens destinés à servir d'emploi sont, comme toutes les autres dispositions des contrats ou des actes, la loi des parties ; qu'il n'appartient ni à celles-ci, ni aux tribunaux, pas plus depuis la loi du 2 juillet 1862 que sous la législation antérieure, de substituer au mode d'emploi prescrit un autre mode, qui leur paraîtrait présenter les mêmes avantages ou des avantages plus grands. (1re partie, § 2, nos 5 à 16 ; 2e partie, § 4, nos 71 à 75).

Il suit nécessairement de là que, dans tous les cas où les stipulants ont exigé un emploi en meubles ou en immeubles d'une espèce déterminée, en créances hypothécaires, en biens ruraux, etc., cet emploi ne peut valablement être effectué que conformément aux prescriptions de l'acte; que les rentes se trouvent exclues implicitement, mais d'une manière formelle, par l'indication précise d'un certain mode de placement.

On a vu toutefois M. Duverdy, dans le passage précédemment cité de la *Gazette des Tribunaux*, du 20 août 1862, soutenir que la clause aux termes de laquelle un emploi doit avoir lieu en immeubles d'une espèce déterminée n'est pas contraire à l'emploi en rentes, et qu'il importe peu que le placement ait été prescrit d'une manière générale en immeubles, ou plus spécialement en *maisons*, en *biens de ville*, ou en *biens ruraux*. « La loi, dit-il, a voulu autoriser l'emploi en » rentes dans tous les cas où il s'agissait de remplois en » immeubles; et par ce mot elle a entendu comprendre » toutes les clauses relatives, soit à des biens de ville, » soit à des biens ruraux; elle a entendu désigner tous » les mots de la langue française qui servent à nommer » ce qui constitue des espèces au regard du genre » *immeubles*. »

104. On est frappé tout d'abord des conséquences vraiment étranges auxquelles on arrive en interprétant ainsi l'art. 46 de la loi du 2 juillet 1862.

Lorsqu'il aurait été stipulé qu'un emploi serait fait en immeubles d'une espèce déterminée, par exemple, en *biens ruraux*, il faut admettre que cet emploi ne pourrait pas être fait en immeubles autres que ceux spécifiés; il serait valablement effectué cependant au moyen de l'acquisition de rentes.

Autre résultat, peut-être plus choquant encore : si

l'emploi devait avoir lieu en *meubles* d'une nature déterminée, il ne serait pas possible d'invoquer, ainsi que le fait M. Duverdy, le texte de l'art. 46 pour soutenir que la clause qui prescrit ce mode d'emploi est atteinte, comme celle qui exige l'emploi *en immeubles* d'une espèce déterminée, par la disposition de la loi nouvelle. On pourrait donc effectuer un emploi en rentes en présence d'une clause portant que l'emploi serait fait *en immeubles* d'une certaine catégorie, biens de ville, ruraux, etc., tandis que ce genre de placement devrait être interdit si, au lieu d'immeubles, on eût indiqué une classe particulière *de meubles*.

Il est difficile d'admettre une interprétation qui conduit à de semblables résultats.

105. Le système que nous admettons peut lui-même, au premier abord, paraître contradictoire. D'une part, nous reconnaissons que la simple stipulation d'emploi en immeubles ne suffit pas pour constituer la clause contraire à l'emploi en rentes, et, d'autre part, nous décidons que l'emploi en rentes n'est pas possible, lorsqu'il a été stipulé que l'emploi aurait lieu en immeubles d'une espèce déterminée. Or, l'une et l'autre de ces clauses, surtout lorsqu'elles ont été rédigées antérieurement à la loi du 2 juillet 1862, indiquent une pensée exclusive d'un emploi en rentes. Nous croyons cependant qu'il faut accepter ces deux propositions. Nous allons établir, en effet, qu'il n'existe pas réellement de contradiction entre elles; qu'elles reposent sur l'interpré-

tation la plus rationnelle et peut-être, d'ailleurs, la seule possible de la loi du 2 juillet 1862.

106. Il n'est pas indispensable sans doute, pour que les parties aient manifesté l'intention de prohiber l'emploi en rentes, qu'elles aient désigné l'espèce particulière des biens meubles ou immeubles qui devaient être acquis en emploi; la pensée d'exclure les rentes peut aussi résulter de la simple indication de la nature de ces biens, et c'est, sans aucun doute, ce qui a lieu, lorsqu'il a été déclaré que l'emploi serait fait en immeubles. Il est incontestable cependant qu'il existe une grande différence entre cette hypothèse et celle où les parties n'ont point accepté d'avance tous les immeubles qui pourraient être offerts à titre d'emploi, mais ont manifesté leur préférence pour ceux d'une certaine espèce.

Nous ne savons pas si l'attention des rédacteurs de l'art. 46 de la loi du 2 juillet 1862 s'est portée sur les clauses d'emploi en immeubles déterminés. Il est, toutefois, permis de croire qu'ils eussent hésité davantage à permettre l'emploi en rentes, alors que les stipulants ont cru devoir spécifier les immeubles qui seraient acquis en emploi, que dans le cas où ceux-ci se sont contentés d'un placement en immeubles quelconques.

Ce n'est pas uniquement, en effet, pour assurer davantage la conservation de la fortune que l'espèce des immeubles qui doivent servir d'emploi est précisée dans les contrats ou les actes qui prescrivent cet emploi. Ces stipulations peuvent être inspirées par des raisons d'une autre nature. La profession de ceux à qui a été imposée l'obligation d'emploi, leurs habitudes, les projets conçus pour les enfants, ont pu exercer une grande influence sur la détermination de l'espèce des biens. En permettant le placement en rentes, lorsque les stipulants ont pris soin de bien préciser quels seraient les immeubles qui pourraient être acquis en emploi, quelles conditions particulières ils devraient remplir, dans quel pays ils devraient être situés, etc..., on s'expose à porter une grave atteinte à des dispositions inspirées par les motifs les plus respectables; on peut empêcher la réalisation du plan formé par le père de famille pour l'avenir de ses enfants. Dans le cas, au contraire, où on s'est borné à prescrire un emploi en immeubles, sans aucune spécification, une telle clause, qui permet l'acquisition d'immeubles quelconques et même d'immeubles fictifs, ne peut être inspirée que par le désir d'assurer un placement solide. Les rédacteurs de la loi considéraient l'emploi en rentes comme présentant, à cet égard, toutes les garanties désirables; ils ont donc pu autoriser le placement en rentes toutes les fois que les parties, ne se préoccupant que de la sécurité offerte par le mode de placement, avaient simplement déclaré que l'emploi aurait lieu en immeubles, et ne plus le permettre en présence de la désignation de certains immeubles d'une espèce déterminée.

On peut donc, sans contradiction, décider : 1° que la clause d'emploi en immeubles n'est pas contraire au placement en rentes, et 2° que la clause d'emploi en meubles ou en immeubles d'une espèce déterminée, s'oppose au même genre de placement.

107. Ne pourrait-on pas cependant, au lieu de décider, d'une manière absolue, que la clause d'emploi en meubles ou en immeubles d'une espèce déterminée est contraire à l'emploi en rentes, reconnaître aux Tribunaux, qui se trouvent en présence d'une semblable stipulation, le pouvoir d'examiner si elle a été inspirée par le seul désir d'assurer la solidité du placement ou bien par d'autres motifs de la nature de ceux que nous venons d'indiquer? Dans le premier cas, le juge aurait le droit d'autoriser l'emploi en rentes qui serait absolument prohibé dans le second.

Cette opinion intermédiaire, en modifiant la seconde des deux propositions que nous venons d'établir, la concilierait d'une manière plus complète avec la première, et donnerait le moyen d'arriver à une application parfois plus logique de la loi. La clause d'emploi en immeubles *ruraux*, par exemple, peut avoir été motivée par des considérations bien différentes. Il est possible que les stipulants aient seulement eu pour but d'assurer la solidité du placement, ou qu'ils aient eu, en même temps, d'autres intentions : ainsi, le père de famille dont le fils est agriculteur a pu vouloir qu'il n'eût le droit d'aliéner ses immeubles ruraux qu'à charge d'en acquérir d'autres également susceptibles de servir à l'exercice de sa profession. Dans la première hypothèse, on pourrait, sans inconvénient, mettre sur la même ligne et appliquer de la même manière la clause d'emploi en immeubles ruraux et celle d'emploi en immeubles ; l'une et l'autre, en effet, ont été inspirées par un motif semblable, le désir de garantir la conservation de la fortune ; mais, dans la seconde, les Tribunaux ne devraient pas autoriser le placement en rentes, qui serait évidemment contraire aux intentions du père de famille.

Nous pensons cependant que cette distinction ne saurait être admise. Si son application présente, ainsi que nous l'avons reconnu, des avantages très-réels, elle aurait aussi les plus sérieux inconvénients.

Il est incontestable, en effet, que dans un grand nombre de cas, il sera extrêmement difficile de se rendre compte des motifs qui ont fait déterminer l'espèce des meubles ou des immeubles devant être affectés à un emploi. Des appréciations qui reposeront sur des bases nécessairement incertaines pourront donc être très-dangereuses. Nous croyons d'ailleurs qu'il faut, en thèse générale, repousser toute opinion qui accorderait aux Tribunaux le pouvoir de rechercher quel but les parties ont voulu atteindre en prescrivant un emploi en biens d'une certaine nature, pour arriver ainsi à substituer au mode de placement indiqué un autre mode qui leur paraît présenter les mêmes avantages. Nous ne reviendrons pas sur les arguments que nous avons invoqués à cet égard (1re partie, § 2, nos 5 et suiv. ; 2e partie, § 4, nos 71 à 75).

§ XIII.

Résumé des §§ 8 à 12.

108. L'interprétation que nous avons donnée à la réserve de l'art. 46 de la loi du 2 juillet 1862, *à moins de clause contraire*, ne satisfait peut-être pas toujours l'esprit d'une manière complète; mais il est extrêmement difficile d'arriver à un système logique et conforme au texte de la loi, qui permette de remplir le but que ses rédacteurs se sont proposé, sans porter une trop grave atteinte aux droits acquis et sans créer des difficultés d'application.

Le système très-radical, qui considère seulement comme clause contraire celle qui exclut nominativement les rentes, présente l'avantage de mettre fin à toutes les controverses et de rendre facile l'appréciation de la loi; mais il est impossible de méconnaître qu'il existe des clauses qui, sans prohiber en termes exprès le placement en rentes, s'opposent à raison soit des *exclusions*, soit des *désignations* qu'elles contiennent, à un placement en valeurs de cette nature. On ne peut nier que la prohibition de l'emploi en *meubles* ou en *valeurs mobilières* soit *exclusive* de l'emploi en rentes.

Maintenant, quand on recherche dans quel cas la *désignation* des biens devant être affectés à l'emploi suffit pour prohiber le placement en rentes, on se trouve conduit à distinguer entre les clauses d'emploi *en immeubles*, d'une part, et les clauses d'emploi en meubles ou en immeubles *d'une espèce déterminée*, d'autre part, et à n'admettre la possibilité du placement en rentes que dans le premier cas.

Si, en effet, on décide que les clauses d'emploi en *immeubles non spécifiés* s'opposent au placement en rentes, on se met en opposition avec le texte de l'art. 46, qui autorise l'emploi en rentes précisément dans le cas où un jugement, un contrat ou un acte de libéralité prescrivent un emploi en immeubles.

Si on décide que les clauses d'emploi en *meubles* ou en *immeubles* d'une *espèce déterminée* ne sont pas contraires à l'emploi en rentes, on arrive aux résultats choquants ou on s'expose aux dangers signalés précédemment.

Il faut aussi refuser de reconnaître aux Tribunaux ce pouvoir discrétionnaire qui, d'après le jugement du 30 janvier 1863 (§ 4, n°s 71 à 75), leur permettrait d'accueillir l'emploi en rentes dans tous les cas où un emploi en immeubles est prescrit par la loi, un jugement ou un acte de libéralité. Nous avons fait ressortir les inconvénients de ce système. Il faut, de toute nécessité, poser des règles générales, qui permettront aux débiteurs ou aux détenteurs des sommes dont il doit être fait emploi de savoir s'ils peuvent, sans engager leur responsabilité, accepter un emploi en rentes, bien qu'aucune décision judiciaire n'ait déclaré que ce mode de placement était régulier.

Or, les règles que nous avons admises sont simples et

d'une application facile. On peut les résumer en peu de mots :

Il n'y a clause contraire que si les jugements, les contrats ou les actes de libéralité, qu'ils soient ou non antérieurs à la loi du 2 juillet 1862, excluent l'emploi en rentes, ou plus généralement en meubles ou en valeurs mobilières, et lorsqu'ils prescrivent un emploi en meubles ou en immeubles d'une espèce déterminée.

---

§ XIV.

Application des règles précédemment posées aux différentes hypothèses dans lesquelles la question de l'admissibilité de l'emploi en rentes peut se présenter.

109. On a vu que les hypothèses diverses dans lesquelles pouvait se présenter, antérieurement à la loi du 2 juillet 1862, la question de l'admissibilité de l'emploi en rentes, se groupaient en trois catégories :

1° Les dispositions de la loi, des jugements, des contrats ou des actes de libéralité d'où résulte la nécessité de l'emploi n'indiquent pas les biens qui devront être affectés à cet emploi ;

2° Les biens sont désignés, mais seulement par leur nature mobilière ou immobilière ;

3° La désignation est plus précise, et spécifie certains biens qui doivent être choisis exclusivement parmi les meubles ou les immeubles.

Depuis la loi nouvelle, la même question peut être soulevée dans les mêmes circonstances.

Les distinctions qui doivent être établies entre ces trois hypothèses, au point de vue de l'emploi en rentes, ont été déjà signalées dans le cours de la discussion précédente (§§ 7 à 13, nos 78 à 108). Aussi avons-nous peu de chose à ajouter aux règles déjà posées ; c'est à peu près uniquement sur leur application aux clauses usitées dans les actes prescrivant un emploi que nous devrons insister.

§ XV.

Emploi sans indication des biens qui devront y être affectés.

110. Dans tous les cas où les dispositions de la loi, des jugements ou des actes de libéralité se bornent à prescrire un emploi, sans indiquer en quels biens on devra le réaliser, il est certain que l'emploi en rentes sera possible.

On doit, à cet égard, mettre entièrement sur la même ligne l'*emploi* et le *remploi*.

Si la distinction entre ces deux opérations présentait de l'intérêt avant la loi du 2 juillet 1862, elle n'en offre plus aujourd'hui, du moins en ce qui concerne la validité du placement en rentes. On a vu qu'il était admis que l'*emploi*, soit des fonds dotaux, soit de toutes les sommes dont la loi ou une stipulation particulière prescrivaient l'emploi, pouvait s'effectuer en rentes, tandis que ce genre de placement était quelquefois interdit dans le cas de *remploi*. Le principe que le remploi doit, à moins de conventions contraires, s'effectuer en choses de même nature, avait, en effet, pour conséquence, si les biens aliénés étaient des immeubles, d'obliger à employer le prix en acquisition d'autres immeubles. Les rentes, par suite, ne pouvaient être acceptées (1re partie, § 5, nos 27 à 36). Mais maintenant, la loi du 2 juillet 1862 autorisant le placement en rentes des sommes destinées à être employées en immeubles, on pourra faire, au moyen de l'acquisition de rentes, le remploi du prix d'un immeuble. Il n'y a donc plus à distinguer entre le remploi et l'emploi. Dans l'un et l'autre cas, le placement en rentes devra être accepté.

Nous avons établi que les dispositions de la loi nouvelle devaient être appliquées alors même que les actes prescrivant l'emploi sont antérieurs à la loi du 2 juillet 1862 (2e partie, § 2, nos 62 à 70).

On peut donc poser cette règle générale que, dans tous les cas où il peut y avoir lieu à emploi ou à remploi, le placement en rentes est permis, quelle que soit la date des actes, dès l'instant que ni ces actes ni la loi n'indiquent les biens devant être affectés à l'emploi ou au remploi.

Les débiteurs ou les détenteurs des fonds dont il doit être fait emploi peuvent, dans ces différentes hypothèses, accepter des rentes sans craindre d'engager leur responsabilité.

§ XVI.

Emploi avec indication de la nature mobilière ou immobilière des biens.

111. Il ne peut évidemment s'élever aucune difficulté lorsque l'emploi est prescrit en biens *meubles*.

Lorsque l'emploi doit avoir lieu en *immeubles*, on admet, sans contestation, que si les actes qui ont exigé ce mode d'emploi sont postérieurs à la loi du 2 juillet 1862, le placement pourra se faire régulièrement en rentes.

Dans ces deux cas encore, tous ceux qui, sous leurs responsabilité personnelle, sont tenus de s'assurer de la régularité de l'emploi, peuvent sans danger accepter des rentes.

Nous avons cru devoir reconnaître également la validité de l'emploi en rentes, en présence d'une clause rédigée antérieurement à la loi du 2 juillet 1862, et prescrivant un emploi en immeubles.

Mais on a vu que d'imposantes autorités avaient soutenu que, dans ce cas, il y avait clause contraire au placement en rentes (§ 11, n°s 95 à 102).

On comprendrait, dès lors, que les débiteurs ou les détenteurs des fonds à employer, qui se trouvent en présence d'une clause de cette nature, hésitassent à se contenter d'un placement en rentes, tant qu'une décision judiciaire ne les aurait pas autorisés à se dessaisir. Mais, du reste, toutes les décisions judiciaires intervenues jusqu'à ce jour ont admis la possibilité d'un emploi en rentes, alors que des stipulations antérieures à la loi du 2 juillet 1862 prescrivaient un emploi en immeubles.

Il serait utile que cette question reçût de la Cour suprême une solution définitive.

---

§ XVII.

Emploi avec désignation de certains biens devant être exclusivement choisis parmi ceux de même nature.

112. Nous avons établi qu'il y avait clause contraire au placement en rentes dans toute stipulation prescrivant un emploi en meubles ou en immeubles d'une espèce déterminée (§ 12, nos 103 à 107).

En conséquence, le placement en rentes sera interdit tous les fois que les actes prescrivant l'emploi auront spécifié les meubles ou les immeubles qui devront être choisis. La clause d'emploi en *valeurs mobilières désignées*, en acquisition *d'un office*, *d'un fonds de commerce*, *en biens ruraux*, *bâtis* ou *non bâtis*, *en biens de ville*, ou *situés dans tel pays*, etc., sera donc exclusive de l'emploi en rentes.

Dans le cas même où on reconnaîtrait aux Tribunaux, lorsqu'ils se trouvent en présence de semblables clauses, le droit de rechercher l'intention qui les a inspirées, et d'admettre l'emploi en rentes, s'il n'était pas inconciliable avec la pensée du stipulant (§ 12, n° 107), il faudrait toujours attendre une décision judiciaire avant d'accepter ce mode d'emploi.

113. Les clauses usitées dans les actes prescrivant un emploi, spécialement dans les contrats de mariage, ont été passées en revue dans la première partie (§ 7, nos 44 à 52). On a vu qu'il était fréquemment stipulé que le remploi des immeubles aliénés se ferait en acquisition

d'autres immeubles de *même valeur*, de *même nature*, de *même nature* et *valeur* ou de *bonne éviction*. Quelle influence ces stipulations, qui peuvent également être appliquées au remploi des biens meubles, doivent-elles exercer, depuis la loi du 2 juillet 1862, sur l'admissibilité du placement en rentes?

114. *Clause de remploi en meubles ou en immeubles de même valeur.* — Cette clause ne peut avoir aucune influence sur le choix des biens qui doivent être affectés au remploi ; elle n'a pour objet que de réitérer l'injonction déjà imposée par la loi, de n'admettre comme remploi que des biens représentant la valeur entière de ceux qui ont été aliénés (1re partie, § 7, n° 44).

On doit donc, dans ce cas, appliquer, en ce qui concerne le placement en rentes, les règles admises lorsque les dispositions de la loi ou des actes prescrivant le remploi n'indiquent pas en quels biens ce remploi doit être réalisé (2e partie, § 15, n° 110).

115. *Clause de remploi en meubles ou en immeubles de même nature.* — Nous avons établi (1re partie, § 7, n°s 45 à 49) que la clause de remploi en *immeubles* de même nature s'opposait au remploi en immeubles fictifs, tels que les actions de la Banque de France. Suit-il de là qu'elle mettrait également obstacle au remploi en rentes?

Il est difficile d'admettre que cette stipulation, qui exclut toute une catégorie d'immeubles, les immeubles fictifs, permet néanmoins d'effectuer le placement en rentes sur l'Etat. Ne doit-on pas assimiler la clause de remploi en immeubles de même nature à une clause de remploi en immeubles corporels? S'il en était ainsi, cette clause aurait pour conséquence d'interdire le placement en rentes. Les parties, en effet, n'ont pas seulement manifesté l'intention d'exiger un remploi en immeubles, ce qui ne suffirait pas, en présence de la loi du 2 juillet 1862, pour exclure les rentes, mais de plus, un remploi en biens corporels. Cette volonté, régulièrement constatée, peut, même depuis la loi nouvelle, mettre obstacle à l'emploi en rentes.

Si les immeubles aliénés étaient *incorporels*, rien ne s'opposerait au placement en rentes.

116. — La clause de remploi en *meubles* de même nature ne met point obstacle au placement en rentes, lorsque les meubles aliénés étaient *incorporels* (1re partie, § 7, n° 46). Nous nous sommes alors demandé s'il en serait de même dans le cas où ces meubles seraient *corporels*. Nous avons décidé que la circonstance que le placement en meubles incorporels constituait, d'après les idées généralement admises, un placement plus avantageux que celui en meubles corporels, devrait influer sur l'interprétation de la clause de remploi en meubles de même nature. Cette stipulation, avons-nous dit, ne peut être considérée comme ayant pour résultat d'exclure les rentes.

Cette solution doit encore être maintenue depuis la loi du 2 juillet 1862.

117. *Clause de remploi en biens meubles ou immeubles de même nature et valeur.* — Cette clause doit

être entièrement mise sur la même ligne que la précédente (1re partie, § 7, n° 50).

118. *Clause de remploi en biens de même nature.* — On a vu qu'il existait une certaine différence entre la clause de remploi en *meubles* ou *immeubles* de même nature et la clause de remploi en *biens* de même nature. Cette dernière stipulation, notamment, n'a pas pour conséquence, lorsqu'elle s'applique au remploi du prix d'un immeuble corporel, de mettre obstacle à l'acquisition d'immeubles fictifs (1re partie, § 7, n° 51). Elle ne doit pas davantage, dans le même cas, mettre obstacle au placement en rentes.

Ce dernier mode de remploi devrait également être admis si les biens aliénés étaient des immeubles incorporels ou des meubles corporels ou incorporels. Ce que nous avons admis dans l'hypothèse d'une clause de remploi en meubles ou en immeubles de même nature doit l'être, à plus forte raison, en présence d'une clause de remploi en biens de même nature.

119. *Clause d'emploi ou de remploi en immeubles de bonne éviction.* — Cette clause, comme celle d'emploi en biens de même valeur, ne peut avoir pour résultat d'obliger à effectuer l'emploi ou le remploi en immeubles d'une certaine catégorie (1re partie, § 7, n° 52). Elle ne doit donc pas s'opposer au placement en rentes.

120. Nous répéterons, en terminant, ce que nous disions à la fin du 7e § de la 1re partie, nos 53 et 54.

En recherchant le sens des clauses diverses qui viennent

d'être passées en revue, nous n'avons pas entendu donner des solutions absolues, devant nécessairement être appliquées à tous les actes conçus dans des termes identiques.

Il est certain que les mêmes stipulations intervenues dans des circonstances différentes, précédées ou suivies de dispositions n'indiquant pas chez les parties des intentions communes, pourront n'être point appliquées de la même manière. Aussi, dans ce dernier paragraphe surtout, nous avons posé moins des règles de droit que des règles d'interprétation.

Nous renvoyons, du reste, sur ce point, aux observations par lesquelles nous terminons le § 7 de la 1re partie.

TROISIÈME PARTIE.

—

§ Ier.

121. Nous nous sommes proposé uniquement, dans cette troisième partie, de tracer la marche à suivre pour réaliser un emploi en rentes sur l'Etat (1).

Il faut, d'une part, rechercher les moyens les plus propres à sauvegarder les intérêts de celui sous la responsabilité duquel un emploi doit être effectué et de celui dans l'intérêt duquel a lieu cet emploi ; et, d'autre part, tenir compte de la jurisprudence du Trésor pour se conformer aux conditions qu'elle impose.

Nous nous occuperons d'abord de l'emploi le plus fréquent, celui de *sommes dotales*.

Les règles et les formules que nous aurons indiquées sont susceptibles, du reste, de se généraliser, de manière à s'appliquer aux autres hypothèses dans lesquelles il y a lieu à emploi en rentes sur l'Etat.

---

(1) Nous avons eu recours, sur ce point, aux lumières et à l'expérience de MM. Lefebvre, notaire honoraire, directeur du *Journal des Notaires*, et Grosse, ancien notaire, auteur d'un commentaire de la loi du 23 mars 1855, sur la transcription, et co-auteur avec M. Rameau, avoué à Versailles, d'un traité sur la procédure d'ordre.

§ II.

Emploi des sommes dotales.

122. Dans le cas le plus fréquent, c'est-à-dire lorsque la somme dotale dont il doit être fait emploi en rentes se trouve entre les mains d'un tiers, débiteur ou détenteur, qui ne consent à s'en dessaisir que s'il est justifié de l'emploi prescrit, trois opérations distinctes seront ordinairement nécessaires pour arriver à la réalisation de cet emploi.

1° La remise des fonds, effectuée dans de telles conditions qu'ils puissent servir à l'acquisition de la rente, tout en sauvegardant les intérêts du débiteur ou détenteur.

2° L'acquisition de la rente et son immatricule, constatant son affectation spéciale à un emploi de sommes dotales.

3° La constatation de la réalisation de l'emploi, de son acceptation par la femme et de la libération complète du débiteur ou détenteur.

Nous allons indiquer comment chacune de ces opérations peut se réaliser.

REMISE DES FONDS.

123. Lorsque la femme n'a pas de fonds disponibles, et que personne ne veut ou ne peut lui en avancer, il faut que les fonds destinés à être placés en rentes soient remis à celui qui doit être chargé d'en faire l'acquisition par le tiers détenteur ou débiteur. Si ce dernier

a confiance dans le mari, il peut effectuer le versement entre les mains de celui-ci; dans le cas contraire, qui sera le plus fréquent, il peut les remettre au notaire devant lequel doit être passé l'acte dont nous parlerons tout à l'heure, et qui aura mission de les transmettre à l'agent de change désigné pour opérer l'achat de la rente.

Dans chacun de ces cas, il y a lieu de constater le versement des fonds par un acte qui ne libère pas complétement le débiteur ou le détenteur, puisque l'emploi n'est pas réalisé, mais qui établit la remise faite par lui, qui est un premier pas vers la réalisation de l'emploi, et qui doit recevoir son complément lorsque l'opération est terminée.

Nous prendrons pour exemple le cas dans lequel la somme à employer est le prix de vente d'un immeuble dotal.

L'acte, dans cette hypothèse, pourrait être ainsi conçu :

Par devant Me A...

Ont comparu (le mari, la femme venderesse et l'acheteur.)

M. et Mme X... reconnaissent avoir reçu de M. Y... la somme de ... formant le prix de la vente de (cette quittance doit être conçue dans les termes ordinaires).

(Si les fonds doivent rester entre les mains du notaire chargé de les remettre lui-même à l'agent de change, on pourra le constater.)

Il est observé que l'immeuble sus-indiqué est un bien dotal de Mme X... et que l'aliénation n'a été autorisée qu'à charge de remploi en (immeubles, placements hypothécaires, rentes sur l'Etat, etc.), ainsi qu'il résulte du contrat de mariage de M. et Mme X... passé ... dont une expédition est annexée à la minute du contrat de vente susmentionné (ou bien, est annexée aux présentes).

Pour satisfaire à la charge du remploi, M. et Mme X... s'obligent à l'effectuer en une rente sur l'Etat français, trois pour cent, et d'en justifier à M. Y .. dans le délai de

Mme X... déclare expressément accepter ce mode de remploi.

Et ils ont requis Me A... de leur délivrer tout certificat nécessaire pour que la rente dont l'acquisition sera faite serve d'emploi à Mme X .. de la somme susdite.

Il sera rendu compte de cet emploi dans un acte passé devant ledit Me A... et qui sera mis à la suite des présentes.

124. L'intervention de la femme dans cet acte ne serait point indispensable s'il s'agissait seulement de recevoir les fonds, puisque le mari, comme administrateur de la dot, peut toucher seul les sommes dotales ; mais cette intervention a l'avantage de permettre de constater d'avance que la femme accepte l'emploi en rentes.

Un certain nombre d'auteurs ont émis l'opinion que l'acceptation d'un mode d'emploi par la femme pouvait être tacite, nonobstant la disposition de l'art. 1435 C. Nap. ; mais il est préférable que l'acceptation soit formelle.

On décide assez généralement que l'acceptation de la femme cesse d'être nécessaire lorsque le contrat de mariage détermine les biens qui serviront d'emploi, et que le mari s'est conformé à cette disposition du contrat. Ainsi, spécialement, lorsque le placement en rentes a été prescrit ou autorisé en termes exprès, l'acceptation de la femme deviendrait inutile, d'autant plus que ce mode d'emploi ne comporte aucun choix. Il est plus prudent, toutefois, en présence des controverses qui se sont élevées à cet égard, et, pour éviter toute difficulté, de faire constater, même dans ce dernier cas, l'acceptation de la femme.

Si le mari et la femme ne sont pas d'accord sur la nature des biens qui seront affectés à l'emploi, la justice doit intervenir pour terminer un différend qui rendrait l'emploi impossible. Le jugement, qui tient lieu du consentement de la femme, doit naturellement être mentionné dans les actes pour la réalisation desquels ce consentement est nécessaire.

125. Les frais du remploi sont à la charge de la femme et viennent diminuer la somme à placer, mais le mari ou toute autre personne peuvent consentir à les payer ou en faire l'avance.

Il est prudent, pour éviter des difficultés ultérieures sur ce point, d'indiquer, dans l'acte constatant la réception des fonds, de quelle manière il sera procédé, en stipulant que les frais du remploi seront ou ne seront pas prélevés sur la somme à placer.

126. Nous avons supposé, en traçant la formule ci-dessus, que la remise des fonds était constatée par acte notarié, et que les parties demandaient au notaire de préparer le certificat destiné à faire immatriculer la rente. Pourrait-on se dispenser d'avoir recours au ministère d'un notaire?

Il est certain qu'une quittance de deniers dotaux ne doit pas nécessairement être authentique ; mais il ne s'agit pas seulement ici de constater un paiement ; il faut réaliser l'emploi, et on ne peut y parvenir qu'en faisant immatriculer des rentes au nom de la femme, avec mention de la dotalité qui devra frapper ces rentes. Or, cette immatricule ne peut être obtenue sans le concours d'un officier public.

Le Trésor, avant de constater sur le grand-livre de la dette publique qu'une rente appartient à une femme mariée sous le régime dotal, qui ne peut en disposer que sous certaines conditions imposées par la loi ou par son contrat, exige qu'un officier public, sur le vu du contrat de mariage et des autres actes qui donnent lieu au remploi, certifie que la rente est affectée à un remploi dotal.

Cet officier public peut être un agent de change. Mais il est préférable de s'adresser à un notaire, qui, tout à la fois, pourra préparer ce certificat, qu'on peut appeler *d'immatricule*, et constater, par des actes réguliers et authentiques, l'accomplissement du remploi et la libération des débiteurs ou des détenteurs des sommes dotales. Ces derniers, dans ces affaires délicates, où leur responsabilité peut être gravement engagée, ne sauraient prendre trop de précautions ; nous croyons donc devoir recommander de suivre la marche que nous traçons et qui, par l'accomplissement de certaines formalités et le concours d'un notaire, est une sérieuse garantie pour les parties.

Quant au notaire, il lui est facile de ne point engager sa responsabilité, en mentionnant dans le certificat toutes les entraves apportées par le contrat de mariage à la disposition des biens de la femme.

127. Ainsi que nous l'avons dit tout à l'heure (nº 123), lorsque les détenteurs ou débiteurs des sommes dotales ne voudront pas remettre directement les fonds au mari, on pourra indiquer que ces fonds ont été confiés au notaire. Mais il arrive fréquemment qu'il est convenu que les fonds resteront entre les mains du notaire, qui les remettra lui-même à l'agent de change, sans que cette circonstance soit relatée dans la quittance.

ACQUISITION ET IMMATRICULE DE LA RENTE.

128. Après la passation de l'acte dont nous avons parlé tout à l'heure, on doit procéder à l'achat de la rente, et la faire immatriculer au nom de la femme en indiquant son affectation spéciale.

Il faut donc charger un agent de change de l'achat de la rente, et préparer le certificat d'immatricule.

Ce certificat, avons-nous dit, rentre naturellement dans les attributions des notaires, qui ont tous les jours à s'occuper des questions d'emploi et qui reçoivent la plupart des actes qui le rendent nécessaire.

129. Quelles énonciations ce certificat doit-il contenir ?

Il est indispensable qu'il fasse connaître la circonstance qui donne lieu à un remploi, et qu'il indique comment la rente devra être immatriculée.

Pour faire connaître la cause du remploi, il faut mentionner que les époux sont placés sous le régime dotal, et dire, aussi brièvement que possible, par suite de quelles circonstances la somme dont il doit être fait remploi est dotale et donne lieu à un remploi.

Mais nous ne croyons pas, en thèse générale, que l'immatricule doive indiquer l'origine de la somme dont il est fait remploi et la cause de la dotalité. On donnerait à l'immatricule une longueur inutile. Il doit suffire qu'il soit indiqué que la rente appartient à une femme mariée sous le régime dotal, qu'elle est affectée à un remploi dotal, et qu'elle n'est aliénable que sous certaines conditions.

On ne peut pas, nous le pensons, se dispenser de formuler dans le certificat l'immatricule de la rente. Le Trésor pourrait refuser de prendre un rôle actif dans l'opération, en rédigeant cette immatricule. Il se borne à constater s'il y a concordance entre la conclusion et prémisses, c'est-à-dire entre les visas et les mentions du certificat et l'immatricule.

Nous prendrons pour exemple les cas de remploi les plus fréquents sous le régime dotal, et nous indiquerons comment le certificat pourrait être formulé.

130. *Remploi sous le régime dotal pur du prix provenant de la licitation des immeubles dépendant d'une succession échue à la femme.*

Je soussigné, notaire à

Vu 1° le contrat contenant les clauses et conditions civiles du mariage de M. et Mme X..., par lequel les futurs époux ont adopté le régime dotal pur, et la future épouse s'est constitué en dot ses biens immeubles présents et futurs ;

Un extrait de ce contrat, en ce qui se rapporte au régime que les époux ont adopté, est annexé à la minute de la quittance ci-après visée ;

2° La liquidation des successions de M. et Mme ..., père et mère de Mme X.., desquels celle-ci était héritière (en tout ou en partie), reçu par Me ..., notaire à , le ;

Par laquelle liquidation les droits immobiliers de Mme X... ont été fixés à la somme de... pour laquelle il lui a été attribué pareille somme à prendre dans le prix d'une maison située à ... adjugée à M. A..., aux termes... (1).

3° La minute d'un acte reçu par moi avec l'assistance de....., aux termes duquel M. A... a payé à M. et Mme X... la somme de....., qu'il devait à Mme X... pour les causes susdites ;

Et par lequel M. et Mme X... se sont obligés à employer cette somme en rentes sur l'Etat français trois pour cent, et les parties m'ont requis de délivrer le présent certificat pour arriver à l'immatricule de la rente qui sera acquise ;

Certifie que la rente sur l'Etat, qui sera acquise dans les conditions ci-dessus, doit être inscrite de la manière suivante :

Mme ..., épouse de M. X... mariée sous le régime dotal pur,

(1) Nous croyons qu'on agit plus régulièrement en mentionnant ainsi la cause du remploi; mais il ne nous paraît pas indispensable qu'une expédition ou un extrait de la liquidation, ainsi que du jugement ou procès-verbal d'adjudication, soient en la possession du notaire qui dresse ce certificat, parce que la nécessité du remploi résulte suffisamment des stipulations du contrat de mariage. Aussi faut-il qu'une expédition ou un extrait de ce contrat soit remise au notaire.

aux termes de son contrat de mariage, reçu le
par (1).

La présente rente aliénable seulement dans les cas prévus par l'art. 1558 C. Nap.

En foi de quoi, j'ai délivré le présent certificat.

Fait à le

131. *Remploi sous le régime dotal pur d'un excédant de prix d'un immeuble aliéné conformément à l'art.* 1558 *C. N.* — La formule, dans ce cas, doit être à peu près semblable. C'est seulement, en effet, l'origine de la somme à employer qui diffère.

Ainsi, il y a lieu de viser le jugement ou le procès-verbal d'adjudication, la quittance donnée par l'acquéreur, quittance qui rappelle dans quelles circonstances elle intervient, et qui, sauf la mention de ces circonstances, doit, pour arriver au placement en rentes, être conforme à la formule ci-dessus indiquée (n° 123).

Il n'entre pas dans notre sujet de tracer les formules des quittances qui peuvent être données dans les différents cas prévus par l'art. 1558.

132. *Remploi du prix d'un immeuble dotal, lorsque le contrat de mariage autorise l'aliénation à charge de remploi.*

Je soussigné, notaire à

Vu 1° le contrat contenant les clauses et conditions civiles

(1) L'indication de la date du contrat et du nom du notaire qui l'a reçu n'est point indispensable pour l'immatricule de la rente; mais elle a l'avantage de faciliter les recherches, si la production du contrat pouvait devenir ultérieurement nécessaire.

du mariage de M. et Mme X..., par lequel les futurs époux ont adopté le régime dotal, et la future s'est constitué en dot ses immeubles présents et futurs, mais à la condition qu'ils pourraient être aliénés à charge d'un remploi en (immeubles, placements hypothécaires, rentes sur l'Etat, etc.).

Un extrait de ce contrat, etc.

2° Un acte passé devant Me notaire à le par lequel M. et Mme X... ont vendu à M. A... le domaine de appartenant à Mme X... et soumis au régime dotal, moyennant

La minute d'un acte reçu par moi, avec l'assistance le aux termes duquel M. A... a payé à M. et Mme X... la somme de qu'il devait à Mme X... pour les causes susdites.

Et par lequel M. et Mme X... se sont engagés à employer cette somme en rentes sur l'Etat français trois pour cent, et les parties m'ont requis de délivrer le présent certificat pour arriver à l'immatricule de la rente qui sera acquise.

Certifie que la rente sur l'Etat qui sera acquise, etc...

Mme ..., épouse de M. X..., mariée sous le régime dotal, aux termes de son contrat de mariage, reçu le par

La présente rente aliénable à la charge d'un emploi en (immeubles, placements hypothécaires, etc.).

133. *Emploi d'une créance dotale.*

Je soussigné, notaire à

Vu 1° le contrat contenant les clauses et conditions civiles du mariage de M. et Mme X., par lequel les futurs époux ont adopté le régime dotal, la future s'est constitué ses biens meubles et immeubles présents et futurs, et il a été stipulé qu'aucun remboursement d'une rente ou d'une créance dotale ne pourrait être effectué par les débiteurs, sans qu'il soit justifié d'un emploi en (immeubles, placements hypothécaires, rentes sur l'Etat, etc.).

2° (Indiquer la cause de la dotalité de la créance.)

3° (Viser la quittance.)

Certifie que la rente sur l'Etat qui sera acquise, etc.

Mme ..., épouse de M. X..., mariée sous le régime dotal, aux termes de son contrat de mariage, reçu le par

La présente rente aliénable à la charge d'un remploi en (immeubles, placements hypothécaires, etc.)

134. *Remploi opéré dans l'une des hypothèses ci-dessus, au moyen d'un transfert de rentes appartenant au mari.* — Rien ne s'oppose à ce qu'au lieu d'acheter des rentes, le mari cède à la femme, au cours de la Bourse, celles qui lui appartiennent, sauf à s'adresser à un agent de change pour réaliser le transfert.

Le certificat d'immatricule pourrait alors être conçu comme ceux dont nous venons de tracer le modèle, sauf la modification suivante :

Pour fournir à sa femme le remploi de cette somme, auquel il est obligé par son contrat de mariage susénoncé, M. X... a cédé et transféré à Mme X..., qui a accepté à titre de remploi 434 fr. de rente à prendre dans la rente de 840 fr. dont le titre est figuré en tête du présent, moyennant en prenant pour base le cours de lequel est le cours moyen de la rente dont s'agit à la Bourse de du

Les parties m'ont requis de délivrer tout certificat nécessaire pour que 434 fr., à prendre dans la rente susdite, soient détachés et immatriculés au nom de Mme X..., pour servir de remploi jusqu'à concurrence de la créance remboursée par M. A...

Certifie que la rente sur l'Etat n° série de 840 fr., faisant l'objet du présent certificat, continue d'appartenir pour 406 fr. à M. X. . . . . 406 fr.

Et que les 434 fr. de surplus appartiennent maintenant à Mme X. 434

Total égal. 840 fr.

En conséquence, les 434 fr. appartenant aujourd'hui à Mme X... lui ayant été transférés par son mari pour les motifs susdits, doivent être inscrits de la manière suivante :

Le reste conforme aux formules ci-dessus.

CONSTATATION DE LA RÉALISATION DE L'EMPLOI, DE SON ACCEPTATION PAR LA FEMME ET DE LA LIBÉRATION COMPLÈTE DU DÉBITEUR OU DÉTENTEUR DES FONDS DOTAUX.

135. Lorsque la rente est achetée et que l'immatricule en indique l'affectation, il reste encore à régulariser la situation de toutes les parties par la constatation de la réalisation de l'emploi.

On arrive à ce résultat en complétant la quittance dont nous avons indiqué la forme ci-dessus (n° 123).

Nous continuerons à prendre comme exemple le cas dans lequel la somme à employer est le prix de vente d'un immeuble dotal.

L'acte peut être ainsi conçu :

Par devant

Ont comparu

Lesquels ont dit et reconnu ce qui suit :

Par acte passé le , M. et Mme X... ont reconnu avoir reçu de M. A... la somme de formant le prix de la vente qu'ils avaient consentie à celui-ci, le d'un bien dotal de Mme X..

Cette vente n'étant autorisée qu'à la charge d'un remploi, M. et Mme X... se sont obligés de faire l'emploi de ladite somme de en rentes sur l'Etat français, trois pour cent. et d'en justifier à M. A... dans le délai de

M. et Mme X... ont fait acheter à la Bourse de par le ministère de M. ...., agent de change, une rente sur l'Etat français, trois pour cent, qui a coûté au cours de la

Bourse de du ainsi qu'il résulte du bordereau délivré par M. ....., *dûment timbré*, lequel sera enregistré avant les présentes et sera ci-annexé.

La somme touchée étant de

Il reste, il est vrai, un excédant de

Mais comme cette somme n'est pas suffisante pour acheter une fraction de rente de un franc, la plus petite qui puisse être inscrite, il en résulte que le remploi a été fait autant qu'il était possible, et en conséquence qu'il a été satisfait à cette obligation.

M. et Mme X... ont, en outre, représenté à M. A..., qui le reconnaît, le titre de la rente dont l'acquisition a été faite, ainsi qu'il est dit ci-dessus. Ce titre ainsi libellé (le copier).

Mme X... a de nouveau expressément accepté le remploi ainsi effectué (V. nº 124).

Au moyen de quoi, M. A... a donné à M. et Mme X... toute décharge du remploi qu'ils s'étaient obligés de faire, reconnaissant qu'il y a été satisfait, ainsi qu'il est dit ci-dessus.

Si les fonds avaient été laissés entre les mains du notaire chargé de les remettre à l'agent de change, et si cette circonstance avait été constatée dans l'acte dont nous avons parlé ci-dessus nº 123, il faudrait lui en donner décharge.

De cette manière, la situation des parties nous paraît être complétement régularisée.

EMPLOI FAIT ENTRE ÉPOUX SANS L'INTERVENTION D'UN TIERS DÉBITEUR OU DÉTENTEUR DES FONDS DONT IL DOIT ÊTRE FAIT EMPLOI.

136. Nous avons supposé jusqu'à présent que les fonds dont il doit être fait emploi, et c'est le cas le plus ordinaire, étaient entre les mains d'un débiteur ou d'un

détenteur, tenu, sous sa responsabilité personnelle, d'en surveiller le placement.

Lorsqu'il n'en sera pas ainsi, que les fonds seront déjà à la disposition du mari, et qu'aucun tiers n'aura intérêt à s'assurer si l'emploi est réalisé, les formalités seront beaucoup plus simples.

Il suffira, si les parties ont recours à un notaire, qu'il soit dressé un acte de réquisition de certificat d'immatricule, qui a beaucoup de rapport avec un acte de réquisition de certificat de propriété.

Le notaire préparera ce certificat dans les termes indiqués ci-dessus (nos 130 à 134), et, lorsque la rente aura été immatriculée au nom de la femme, cet immatricule attestera suffisamment pour le mari qu'il a opéré conformément à la loi le placement de la somme dotale appartenant à sa femme.

---

§ III.

Emploi sous tout autre régime que le régime dotal et dans tous les cas où il y a lieu au placement en rentes.

137. Les règles que nous avons indiquées pour l'emploi sous le régime dotal sont applicables lorsque l'emploi a lieu sous un autre régime, et dans tous les cas où le placement en rentes est prescrit ou autorisé par la loi, un jugement, un contrat ou un acte de libéralité entre vifs ou testamentaire. Seulement, les tiers détenteurs ou débiteurs des fonds dont il doit être fait emploi seront tenus moins fréquemment, sous leur responsabilité personnelle, d'en assurer l'accomplissement. Il peut arriver, du reste, que, même sous le régime de la communauté, pour assurer le remploi des propres de la femme, les acquéreurs aient été obligés, par une clause du contrat de mariage, de surveiller ce remploi. Les héritiers ou les légataires universels et à titre universel ne peuvent se libérer valablement des sommes léguées à titre particulier dont le testateur a prescrit l'emploi, qu'autant qu'il est justifié de cet emploi.

Il faut donc, comme nous l'avons fait pour l'emploi sous le régime dotal, diviser les cas divers dans lesquels il peut y avoir lieu au placement en rentes en deux catégories.

1° Emploi de sommes qui sont entre les mains de

débiteurs ou de détenteurs tenus, sous leur responsabilité personnelle, d'en surveiller l'emploi.

2° Emploi de sommes qui se trouvent à la disposition de celui qui est obligé d'en faire emploi.

Dans le premier cas, il y a lieu d'appliquer les règles qui ont été tracées nos 122 à 136, en les appropriant à chaque nature d'emploi. Ce travail est facile.

Dans le second cas, l'opération beaucoup plus simple consiste seulement dans l'accomplissement des formalités nécessaires pour arriver à l'immatricule de la rente (n° 136).

TABLE DES MATIÈRES.

—

DIVISION.

Première partie.

Deuxième partie.

Troisième partie.

PARIS. — IMPRIMERIE DE E. BRIÈRE, RUE SAINT-HONORÉ, 257.

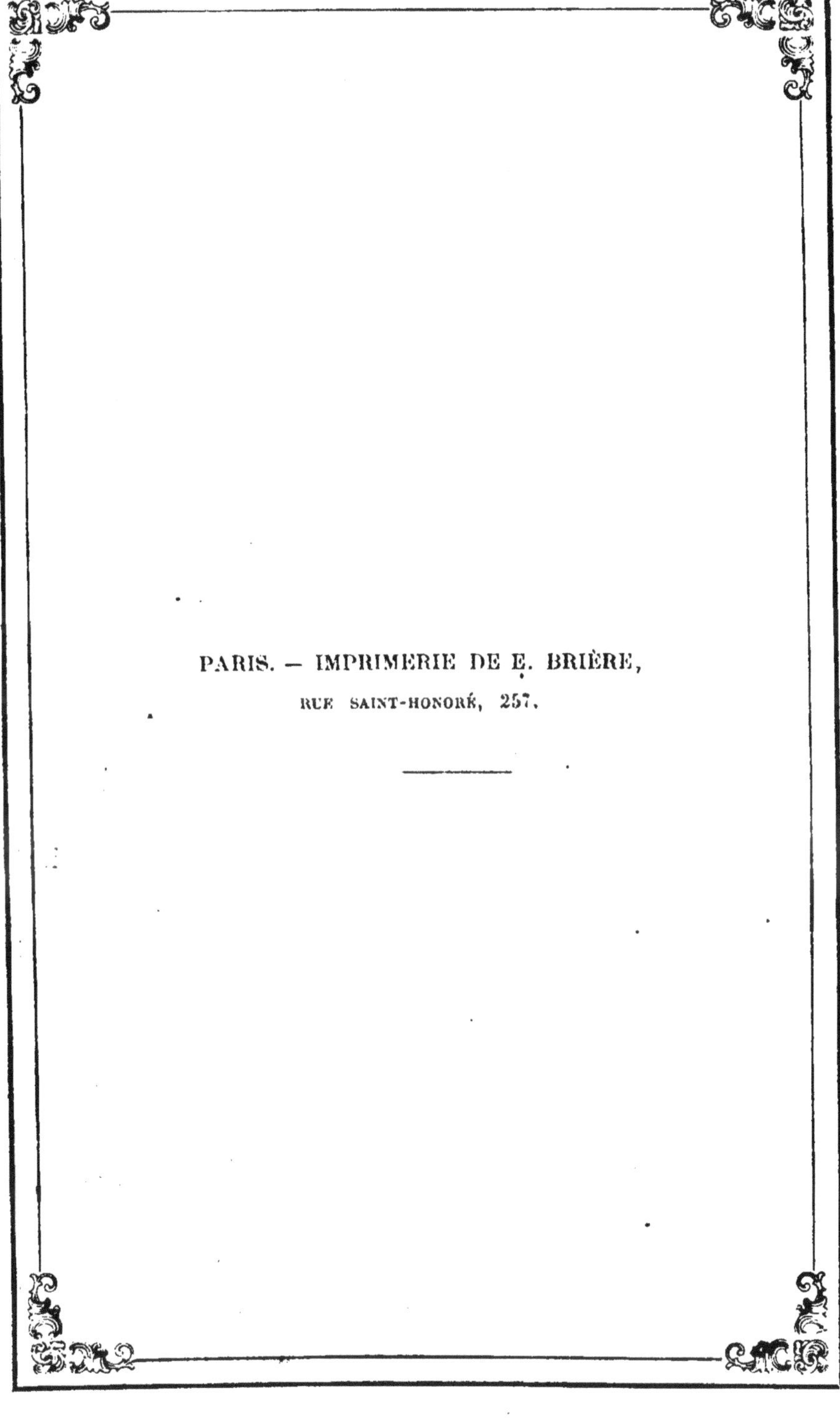

PARIS. — IMPRIMERIE DE E. BRIÈRE,
RUE SAINT-HONORÉ, 257.

www.ingramcontent.com/pod-product-compliance
Ingram Content Group UK Ltd.
Pitfield, Milton Keynes, MK11 3LW, UK
UKHW020408190726
13838UKWH00006B/172